Zum Autor:

Steffen Hunder wurde. 1957 in Waldheim/Sachsen geboren. Von 1985 - 2021 war er evangelischer Pfarrer an der Kreuzeskirche in Essen. Neben dem Pfarrberuf ist Steffen Hunder als Schriftsteller - Krimis und Lyrik - tätig und versucht, mit bildender Kunst eine Brücke zwischen den Kulturen und Religionen zu schlagen. 1999 Debüt als Krimiautor mit "Das Ritual des 11. Gebotes" (Diva-Verlag, Kassel). Seit dem Jahr 2000 Mitglied im SYNDIKAT, dem Schriftstellerverband der deutschen Krimiautoren/innen. Mitwirkung an Lyrik-Anthologien und Theologischen Meditationsbüchern.

Titelfoto: Wolfgang Hannig, Kerzenkapelle Kevelaer

ISBN: 978-3-94332-35-4

www.hummelshain.eu

Steffen Hunder

Mord am heiligen Ort

Kurzkrimis

Mord am heiligen Ort

Inhaltsverzeichnis

Pilgermord in Kevelaer

„0 Maria, sei gegrüßt, die du voller Gnade bist.
Du bist gebenedeit vor allen Frauen allezeit.
Mutter Gottes, liebe Frau, auf uns arme Sünder schau;
bitt für uns bei deinem Sohn, dass er uns im Tod verschon."

Voller Inbrunst singt die große Pilgerschar auf ihrem Wallfahrtsweg nach Kevelaer die Hymnen auf die Mutter Gottes. Die beiden Pfarrer Jan von Straaten und Martin Buntenbeck führen den deutsch-niederländischen Zug von über 400 Pilgernden an. Seit fünf Jahren treffen sich die beiden Gemeinden St. Markus aus Amsterdam und St. Lukas aus Frankfurt in der Pfingstwoche zur Wallfahrt. Davon hatten die beiden Pfarrer immer geträumt, als sie zusammen in Bonn studierten. „Wenn wir beide unsere eigene Pfarre haben," hatte Jan zu Martin gesagt, „dann gehen wir gemeinsam auf Marienwallfahrt nach Kevelaer."

In diesem Jahr ist es den beiden sogar gelungen, viele Jugendliche und junge Erwachsene für die Wallfahrtsidee zu begeistern. Sich miteinander auf einen gemeinsamen Weg zu begeben – so hatten es die beiden Pfarrer selbst erlebt – ist eine tiefgreifende spirituelle Erfahrung. Deshalb bestanden sie auch darauf, dass die Pilgergruppe die letzten Kilometer bis nach Kevelaer zu Fuß zurücklegt. Der gemeinsame Fußweg hat nicht nur meditative, sondern auch kommunikative Aspekte. Junge Leute gehen neben den Älteren und hören geduldig zu, wenn sie von ihren Glaubens und Lebenserfahrungen erzählen.

„Ich war 1987 auch dabei, als unser Heiliger Vater Kevelaer besucht hat", erzählt die 72-Jährige Irmgard Krause. „Und wie war das für Sie?", fragt die 19-Jährige Yvonne neugierig. „Eine wunderbare Erfahrung", schwärmt Irmgard Krause. „Der Heilige Vater hat sich an der Gnadenkapelle vor dem Gnadenbild unserer Mutter Gottes niedergekniet und war dort in innigen Gebeten vertieft. Danach hat er mit uns und für uns gebetet."

„Weißt du noch, was ihr gebetet habt?", will Yvonne wissen. „Entschuldigen Sie", ruft sie erschrocken, „jetzt habe ich Sie einfach geduzt." „Das macht gar nichts Yvonne, wir sind doch alle als Kinder Gottes auf dem Pilgerweg.

Wenn wir Gott mit ‚Unser lieber Vater' anreden dürfen, dann brauchen wir uns auch nicht mit Sie anreden. Ich heiße Irmgard und freue mich, dass dich meine Erfahrungen interessieren. Ja, ich weiß noch einiges von dem, was unser Heiliger Vater gebetet hat. Für euch junge Leute hat er folgende Worte gefunden: ‚Vor dir stehen die jungen Menschen, die in das Leben hineingehen. Leuchte ihnen als heller Stern in den Dunkelheiten der Pilgerschaft, dass sie nicht abirren vom Weg des Glaubens.'

„Das sind sehr schöne Worte", stellt Yvonne fest. „Es ist gar nicht so leicht, als junger Mensch den richtigen Weg zu finden. Manche geraten wirklich auf ziemlich schlimme Irrwege." „Und finden dann keinen Ausweg mehr", erwidert Irmgard Krause. „Ja, leider", seufzt Yvonne.

„Du scheinst einschlägige Erfahrungen gemacht zu haben", bemerkt Irmgard Krause. „Willst du mir davon erzählen?"

„Ich weiß nicht so recht", zögert Yvonne. „Die Sache ist ziemlich übel. Außerdem geht es um jemanden, den ich sehr mag." „Das tut besonders weh", entgegnet Irmgard. „Aber manchmal ist es eine richtige Erleichterung, wenn man sich alles von der Seele reden kann." „Das stimmt", seufzt Yvonne. „Doch irgendwie weiß ich nicht, wie und wo ich überhaupt anfangen soll."

„Mach deinem Herzen einfach Luft", ermuntert sie Irmgard. „Dann wirst du merken, wie gut dir das tut!"

Für Yvonne ist die Begegnung mit dieser alten Dame wie ein Geschenk des Himmels. Endlich kann sie all das loswerden, was ihr seit Monaten auf der Seele lastet. Sie erzählt Irmgard Krause von ihrem Freund Patrick aus Amsterdam, den sie auf der letztjährigen Wallfahrt kennengelernt hat. Patrick ist 22 Jahre alt und studiert in Frankfurt Jura. „Wir waren so glücklich miteinander", schwärmt Yvonne. „Meine Eltern haben Patrick mit offenen Armen bei uns aufgenommen. Vor allen Dingen gefiel ihnen, dass er aktiv in seiner Gemeinde tätig ist. ‚Endlich ein junger Mann, dem auch noch christliche Werte und Überzeugungen wichtig sind', jubelte mein Vater."

„Aber das ist doch prima", meint Irmgard. „Wo ist das Problem? Mögt ihr euch nicht mehr? Ist er nicht mit auf die Wallfahrt gegangen?" „Doch, aber irgendetwas stimmt nicht mit Patrick. Als ich ihm voller Begeisterung davon erzählte, dass wir wieder unsere Kevelaerer Wallfahrt vorhaben, war er total zurückhaltend. ‚Freust du dich denn nicht, mit mir zusammen diesen Weg zu gehen, auf dem wir uns letztes Jahr kennengelernt haben?', fragte ich ihn geradeheraus. ‚Doch, doch', hat er ziemlich mürrisch geantwortet. ‚Aber was ist mit dir?', wollte ich wissen, ‚Hast du eine andere?' ‚Nein, wo denkst du hin. Ich habe nur keine Lust auf dieses fromme Getue! Das geht mir ziemlich auf den Senkel!'

„Ich war wie vom Donner gerührt", erzählt Yvonne traurig, „als Patrick mir das einfach so an den Kopf geknallt hat."

„Hast du ihn denn nicht gefragt, warum ihn das alles so nervt?" will Irmgard wissen.

„Das schon, aber leider hat er mir nur ausweichende Antworten gegeben." „Hast du eine Idee, warum er sich so verhält?", hakt Irmgard nach. „Nicht nur das, ich habe sogar einen ganz schlimmen Verdacht." „Das hört sich aber gefährlich an, Yvonne. Meinst du er ist in etwas Kriminelles verwickelt?"

„Ich fürchte ja“, seufzt Yvonne. „Er hat sich in der letzten Zeit so komisch verhalten, dass sich dieses ungute Gefühl immer mehr in mir verfestigt hat. Oft war er das ganze Wochenende über unterwegs. Wenn ich ihn danach gefragt habe, was er gemacht hat, hieß es nur lapidar, darum solle ich mich nicht kümmern, das ginge mich nichts an. Ganz häufig ist er einfach so nach Amsterdam gefahren – angeblich nur um seine Familie zu besuchen. Aber wenn ich dort angerufen habe, wusste niemand etwas von seinem Besuch.“

„Das hört sich alles sehr, sehr dubios an“, gibt Irmgard zu bedenken. „Ist Patrick denn überhaupt mit auf unsere Wallfahrt gekommen?“ „Das schon“, erwidert Yvonne bedrückt, „aber irgendwie ist er ganz abwesend, so als ob er gar nicht richtig da wäre. Ich komme kaum an ihn heran. Er hängt die ganze Zeit mit drei Typen herum, die mir äußerst unsympathisch sind. Ich werde einfach das ungute Gefühl nicht los, dass ihn etwas ganz, ganz Schlimmes bedrückt. Aber mir gegenüber schweigt er sich aus.“

„Yvonne, ich habe eine Idee. Ich werde Pfarrer Buntenbeck von deiner traurigen Lage erzählen. So wie ich unseren Pfarrer kenne, wird er auf Patrick zugehen und ihn in ein Gespräch verwickeln. Vielleicht fasst sich Patrick unserem Pfarrer gegenüber ein Herz, und erzählt ihm, was ihm auf der Seele liegt.“ „Das wäre toll, Irmgard. Aber ich glaube nicht, dass unserem Pfarrer dieses Kunststück gelingt, Patrick zum Reden zu bringen.“

„Warten wir's ab“, erwidert Irmgard. Unmerklich beschleunigt sie ihren Schritt. Nach wenigen Minuten ist sie an der Spitze des Zuges angekommen und gesellt sich zu den beiden Pfarrern.

Yvonne verfolgt Irmgard gespannt mit ihren Augen. Sollte es dem Pfarrer wirklich gelingen, Patricks Herz zu erreichen? Diese bange Frage treibt sie nun. Dann sieht sie, wie Irmgard und Pfarrer Buntenbeck in ein intensives Gespräch verwickelt sind. Einige Minuten später kommt der Pfarrer direkt auf sie zu. Als er neben ihr geht, spricht er sie an. „Yvonne, Frau Krause hat mir erzählt, was dich bedrückt. Ich möchte gerne mit deinem Freund reden. Hast du einen Anhaltspunkt, was ihm zu schaffen machen könnte?“

Yvonne ist total perplex und stammelt vor sich hin: „Ich, ich weiß nichts Genaues! Es scheint aber etwas mit diesen Typen zu tun zu haben, die ständig um ihn herum sind. Das sind richtig üble Burschen. Irgendwie scheinen sie Patrick in der Hand zu haben. Er ist total eingeschüchtert, wenn die mit ihm zusammen sind. Deshalb glaube ich nicht, dass er ihnen etwas erzählt, wenn die anderen in seiner Nähe sind.“

„Das ist ein guter Hinweis; Yvonne. Das heißt, ich muss eine Gelegenheit finden, mit Patrick allein reden zu können. Ich denke, das lässt sich bewerkstelligen. Jetzt werde ich erst mal zu Patrick und diesen Leuten gehen, um ihnen auf den Zahn zu fühlen.“

„Danke“, sagt Yvonne erleichtert. „Das wäre großartig, wenn Sie Patrick aus den Fängen dieser Leute herausholen können.“

„Warten wir's ab“, antwortet Pfarrer Buntenbeck. „Die eigentlichen Wunder auf einer Wallfahrt geschehen im Stillen und Verborgenen. Wo finde ich deinen Patrick und wie sieht er denn aus?“

„Er hält sich mit seinen Kumpeln ziemlich weit hinten auf“, antwortet Yvonne. „Er ist groß, blond und trägt ein T-Shirt mit der Aufschrift: Make love not war.“ „Das ist eine gute Beschreibung“, freut sich Pfarrer Buntenbeck. „Ich werde Patrick leicht finden können.“

Mit diesen Worten verabschiedet er sich. Gebannt verfolgt Yvonne, wie der Pfarrer sich langsam nach hinten begibt. Er macht das ohne Aufhebens, indem er mit dem einen oder anderen ein paar Worte wechselt. Unmerklich nähert er sich der kleinen

Gruppe, die in der vorletzten Reihe geht. Patrick erkennt er sofort. Dieser hochaufgeschossene junge Mann mit seinen blonden Haaren und dem eindeutigen T-Shirt ist nicht zu übersehen. Doch wie soll er auf die jungen Leute zugehen? Diese Frage bewegt ihn die ganze Zeit, während er durch die Wallfahrtgruppe wandert.

Dann hat er die rettende Idee! Mit entschlossenem Schritt geht er auf Patrick zu. Ohne Vorwarnung fragt er ihn ganz direkt: „Patrick, willst du die Kerze beim Einzug in die Kerzenkapelle tragen?“

Patrick ist wie vom Donner gerührt. Auch seine Kollegen schauen ihn verdutzt an.

Pfarrer Buntenbeck hat das richtige Wort zur richtigen Zeit gefunden. Die jungen Leute werfen sich untereinander erstaunte Blicke zu. Mit solch einer Offerte hat keiner gerechnet. Martin Buntenbeck nutzt die peinliche Stille, um seine Wahl zu begründen. „Patrick, du bist der einzige, der beide Städte gut kennt. Deine Freundin Yvonne hat mir erzählt, dass du aus Amsterdam stammst und seit zwei Jahren in Frankfurt Jura studierst. Also bist du sozusagen unser Wanderer zwischen beiden Welten. Deshalb wäre es großartig, wenn du mit nach vorne kommst, um die Kerze zu tragen, wenn wir in Kevelaer einziehen.“ Patrick starrt den Pfarrer ungläubig an. Dann blickt er ängstlich zu seinen Weggefährten. Diese zucken nur mit den Achsen und signalisieren ihm, er solle dem Pfarrer antworten.

„Meinen Sie wirklich, ich bin der Richtige für diese verantwortungsvolle Aufgabe?“, fragt Patrick unsicher. „Auf jeden Fall!“, reagiert Pfarrer Buntenbeck schlagfertig. “Einen besseren als dich kann es gar nicht geben! Komm, wir beide gehen nach vorne und du übernimmst die Kerze.“

Patrick wirft seinen Kumpeln ängstliche Blicke zu. „Mach das", sagt Kevin barsch, der Anführer dieser Gruppe. „Wir sehen uns dann zu unserem vereinbarten Treffpunk wieder!"

Ein kleines Lächeln huscht über Patricks Gesicht. Es scheint so, als ob ihm ein großer Stein vom Herzen gefallen wäre. Ohne sich groß zu verabschieden, macht er sich mit dem Pfarrer auf den Weg zur Spitze des Wallfahrtszuges. Als Yvonne sieht, wie die beiden an ihr vorbei nach vorne stürmen, jubelt sie innerlich und schickt ein Dankgebet gen Himmel. Langsam nähert sich die Wallfahrtsgruppe Kevelaer. Sie sehen bereits den hochaufragenden Turm der Basilika. Der erste Höhepunkt der Pilgerfahrt steht bevor. Der triumphale Einzug in Kevelaer!

Die beiden Pfarrer haben Patrick in ihre Mitte genommen. Voller Stolz trägt er die reich verzierte Wallfahrtskerze. Beide Gemeinden haben die Kerze liebevoll mit Symbolen des Glaubens gestaltet. Patrick spürt ein tiefes Gefühl von Geborgenheit, als er zwischen den beiden Pfarrern geht und die Gesänge der Wallfahrtsgemeinde hört.

„Lobe den Herren, den mächtigen König der Ehren", singen sie voller Freude. „Lob ihn, o Seele, vereint mit den himmlischen Chören. Kommet zuhauf, Psalter und Harfe wacht auf, lasset den Lobgesang hören."

Und die Menschen sind zuhauf gekommen! Den Weg der Hauptstraße säumen sowohl die Angehörigen der Pilger als auch die Einwohner von Kevelaer. Es ist ein überwältigendes Erlebnis, getragen von der Begeisterung der sie Empfangenen in die Stadt einzuziehen. Patrick hat das unbeschreibliche Gefühl, in eine Welt voller Seligkeit einzutauchen. Wie in Trance hört er den Gesang der jubelnden Gemeinde.

„Lobe den Herren, der alles so herrlich regieret, der sich auf Adelers Fittichen sicher geführet, der dich erhält, wie es dir selber gefällt. Hast du nicht dieses verspüret?"

Genau das empfindet Patrick mit allen Fasern seines Herzens. Er fühlt sich getragen und gehalten von der beschützenden und bewahrenden Liebe Gottes. „Mein Gott", denkt er, „ich bin nicht verloren!"

Mit dieser überwältigenden Erfahrung zieht er in die von Kerzen lichtdurchflutete Kerzenkapelle ein. Gemeinsam mit den Pfarrern und den Messdienern gehen sie bis zum Altar. Dort warten sie, bis alle Pilgernden in der Kirche angekommen sind. Die Pfarrer bereiten die Gaben von Brot und Wein vor. Bevor sie die Eucharistiefeier eröffnen, bitten sie Patrick, im Wechsel mit der Gemeinde das Gebet zur Entzündung und Segnung der Wallfahrtskerze zu sprechen. Etwas zögerlich und unsicher beginnt er: „Der Herr ist mein Licht und Heil: Vor wem sollte ich mich fürchten?"

Die Gemeinde antwortet: „Der Herr ist die Kraft meines Lebens. Vor wem sollte mir bangen?" Gemeinsam beten sie: „Der Herr ist mein Licht und mein Heil."

Patrick: „Mit Freude bringe ich diese Kerze dar; dem Herrn will ich singe und spielen."

Gemeinde: „Du, Herr, lässt meine Leuchte erstrahlen, mein Gott macht meine Finsternis hell."

Bei diesen Worten stockt Patrick plötzlich der Atem. Seine Kehle ist wie zugeschnürt. Er ist nicht mehr in der Lage, weiterzusprechen. Tränen schießen ihm in die Augen. Alles um ihn herum beginnt zu verschwimmen. Die Gemeinde blickt entsetzt zum Ambo. Pfarrer Buntenbeck erfasst die Situation als erster. Blitzschnell bittet er einen seiner Messdiener, Patricks Part zu übernehmen. Dann geht er nach vorne, nimmt Patrick liebevoll an die Hand und führt ihn in die Sakristei. Kurz und knapp signalisiert er seinem Amtsbruder, er möge die Messe alleine weiterfeiern. Jan von Straaten versteht sofort, was los ist. Er gibt zu verstehen, dass er allein weitermacht.

„Ich kann nicht mehr, ich kann nicht mehr", stammelt Patrick unter Tränen. Er wird von einem regelrechten Weinkrampf geschüttelt. Pfarrer Buntenbeck nimmt Patrick liebevoll in seine Arme. Wie ein Ertrinkender klammert sich der junge Mann an ihn. Langsam beruhigt er sich. „Ich möchte beichten", stößt er heraus. „Nehmen Sie mir die Beichte ab!" „Das will ich gerne tun, Patrick. Aber vorher sollten wir miteinander reden."

„Ja, das ist gut, das ist sehr gut, Herr Pfarrer. Ich muss endlich loswerden, was mir fast die Seele zerreißt." „Sollen wir einen Spaziergang machen?", will Pfarrer Buntenbeck wissen. „Nein, lieber nicht. Die anderen könnten uns sehen. Dann wäre alles aus!"

„Gut, Patrick. Lass uns in die Beichtkapelle gehen. Dort können wir uns in ein Beichtzimmer setzen und du kannst mir alles ungestört erzählen, was dich bedrückt."

„Das ist eine gute Idee", seufzt Patrick erleichtert. Pfarrer Buntenbeck und Patrick verlassen zügig die Sakristei der Kerzenkapelle, überqueren schnell den Kapellenplatz und gelangen über den Brunnenhof zur Beichtkapelle. Zielsicher steuert der Pfarrer eines der Beichtzimmer an. Er bittet Martin, am Tisch Platz zu nehmen. Dann hängt er an die Tür das Schild -Beichtgespräch- und schließt diese von innen. Als er Patrick gegenübersitzt, sprudelt es aus dem jungen Mann heraus.

„Vor anderthalb Jahren sind unsere Eltern tödlich verunglückt. Plötzlich standen meine Zwillingsschwester Mareike und ich ganz allein da. Finanziell waren wir zwar ganz gut abgesichert, aber Mareike hat den Tod unserer Eltern schlecht verkraftet. Da ich gerade mit meinem Studium begonnen hatte, konnte ich mich nicht um sie kümmern.

‚Ich komme schon klar', hatte Mareike mir gegenüber immer behauptet. ‚Mach dir bloß keine Sorgen. Kümmere du dich um dein Studium.'

Leider stimmte das überhaupt nicht. Mareike verlor immer mehr den Boden unter den Füßen. Sie ließ sich mit ziemlich üblen Typen ein. Dann begann sie, Drogen zu nehmen. Anfangs reichte das Geld von unseren verstorbenen Eltern noch. Aber je tiefer sie in die Drogenszene rutschte, desto mehr Geld brauchte sie. Ich habe mich irgendwann gewundert, dass wir ständig Mahnungen bekamen, weil Rechnungen nicht bezahlt wurden. Dann wurde plötzlich unser Konto gesperrt. Mareike hatte es um 2000 Euro überzogen. Als ich sie zur Rede stellte, hat sie mir lapidar erzählt, sie hätte einer Freundin Geld für einen Autokauf geliehen. Das war leider erstunken und erlogen! Zwei Tage später bekam ich einen merkwürdigen Anruf. Die Frau erklärte mir am Telefon, dass meine Schwester bereits über 3000 Euro Schulden bei ihnen hätte. Als ich wissen wollte, was für Schulden das wären, erklärte sie unverblümt, dass sie meiner Schwester ihre Drogensucht finanziert hätten. Doch jetzt sei ihre Geduld am Ende. Für meine Schwester gäbe es nur noch zwei Möglichkeiten, entweder sie geht anschaffen oder sie landet im Knast!

Ich war wie vom Donner gerührt und brüllte nur: ‚Ihr Schweine, ihr gottverdammten Schweine. Was habt ihr mit meiner Schwester gemacht!‘

‚Beruhige dich, Kleiner‘, sagte die Frau absolut cool. ‚Du kannst deinem Schwesterherz helfen.‘ ‚Wie denn?‘, schrie ich wutentbrannt. ‚Soll ich etwa für euch Drogen verkaufen?‘

‚Das nicht‘, antwortet die Frau gelassen. ‚Aber du kannst uns wertvolle Transportdienste leisten.‘ ‚Und wie sollen die aussehen?‘, wollte ich wissen

‚Indem du als Drogenkurier arbeitest! Du pendelst ständig zwischen Amsterdam und Frankfurt hin und her. Außerdem bist du ein aktiver Katholik, der gerne auf Wallfahrt geht.‘

‚Was hat mein Glauben mit euren Drogenschweinereien zu tun!‘, schrie ich sie an. ‚Mehr als du ahnst‘, erwiderte die Frau.

‚Wir nutzen die frommen Wege unserer Mutter Kirche, um Menschen den Stoff zu bringen, der sie träumen lässt!'

‚Das ist blanker Zynismus!', schrie ich.

‚Mag sein, Patrick. Aber es ist die unauffälligste Art und Weise, um unsere Geschäfte tätigen zu können.'

‚Ihr gottverdammten Verbrecher. Ihr benutzt die Pilgergruppen, um die Drogen zu verteilten. Das ist Gotteslästerung!'

‚Nenn es, wie du willst. Wir machen jedenfalls beste Erfahrungen mit diesem Verfahren. So und jetzt ist Schluss mit lustig. Du hast die Wahl, entweder wir schicken deine Schwester auf den Strich oder in den Knast oder du arbeitest für uns und wir versorgen deine Schwester weiter mit Stoff.'

Pfarrer Buntenbeck hat Patrick geduldig bis jetzt zugehört. Nun stellt er seine erste Frage: „Deine Teilnahme an der ersten Wallfahrt war dein erster Kurierdienst?" „Ja", antwortet Patrick deprimiert. „Doch damit haben sie es nicht bewenden lassen. Ich musste ständig an irgendwelchen Wallfahrten teilnehmen, um die Drogen über die Grenze zu schaffen. Pilgergruppen werden nun mal so gut wie überhaupt nicht kontrolliert. Sie sind eine absolut sichere Tarnung!"

„Mein Gott, Patrick." Pfarrer Buntenbeck ist fassungslos. „Während wir uns auf den Weg zur Trösterin der Betrübten machen, werden wir von skrupellosen Drogenhändlern als Tarnung missbraucht. Das ist ja Irrsinn! Das grenzt wirklich an Gotteslästerung!"

„Verstehen Sie jetzt, warum ich vollkommen am Boden zerstört bin. Ich bin ein Teil dieses perfiden Systems. Ich bin schuld daran, wenn Menschen durch die Drogen zerstört werden. Ich habe gelogen und betrogen. Und mich belastet am meisten: Ich habe Gott gelästert!"

„Aber du hast all das nicht aus Gewinnsucht oder aus Geldgier gemacht, sondern um deine Schwester zu retten!"

„Das ist richtig, Herr Pfarrer. Anfangs habe ich mich damit auch beruhigen können. Nur je länger ich dieses wahnwitzige Spiel mitgemacht habe, desto tiefer bin ich in Verzweiflung geraten, weil ich nicht mehr wusste, wie ich aus dieser abscheulichen Lage herauskommen sollte. Diese Leute haben mich immer mehr erpresst. Erst war ich nur ein kleiner Drogenkurier. Als sie merkten, dass ich mit dem Computer absolut versiert umgehen kann, musste ich Dateien anlegen über das gesamte Vertriebssystem."
„Versteh ich dich richtig, Patrick. Du besitzt alle Dateien über diese Drogenmafia?"

„Ja, so ist es. Ich habe mir als eine Art Lebensversicherung für meine Schwester und mich eine Kopie gemacht. Leider haben diese Typen das mitbekommen. Jetzt stellen sie mir dauernd nach, um herauszufinden wo ich die Disketten versteckt habe." „Deshalb schleichen die drei Burschen immer um dich herum. Sie sollen dich ausspionieren." „Genauso ist es. Kevin – der Anführer – hat keinen Zweifel daran gelassen, dass sie meiner Schwester den goldenen Schuss verpassen, wenn ich ihnen die Disketten nicht aushändige." „Das hast du aber nicht getan!"

„Auf keinen Fall! Wenn sie erst mal die Disketten haben, dann werden sie uns bestimmt beide – Mareike und mich – aus dem Weg schaffen."

„Patrick, willst du mir sagen, wo du die Disketten versteckt hast?"

„Ich weiß nicht, ob das klug wäre. Dann wären diese Leute auch hinter Ihnen her. Mit denen ist nicht zu spaßen. Die gehen über Leichen, wenn ihnen einer in die Quere kommt!"

„Vielleicht hast du recht, Patrick. Im Übrigen könnte ich mein Wissen sowieso nicht verwenden, da ich das Beichtgeheimnis wahren muss."

„Das würde diese Leute allerdings überhaupt nicht interessieren!"

„Das fürchte ich auch. Wie stellst du dir vor, aus dieser prekären Lage herauszukommen?"

„Ich will die Disketten, die hier in Kevelaer an einem sicheren Ort sind, der Polizei übergeben. Allerdings habe ich furchtbare Angst, dass sie dann Mareike in Amsterdam etwas Schlimmes antun werden. Ich weiß nicht, wie ich sie schützen kann!"

„Du kannst dich in dieser Angelegenheit vertrauensvoll an Pfarrer von Straaten wenden. Er ist nebenamtlich Polizeiseelsorger in Amsterdam. Deshalb hat er beste Kontakte zur dortigen Polizei. Ich bin absolut sicher, er kann deiner Schwester helfen!"

„Das wäre phantastisch!", jubelt Patrick, „Dann könnte ich endlich diesem ganzen Spuk ein Ende bereiten!"

„So ist es, Patrick." „Aber bevor ich mit Pfarrer Straaten spreche und die Polizei einschalte, möchte ich meine Schuld bekennen und mir von Gott die Vergebung zusprechen lassen! Können wir das tun?!"

„Natürlich Patrick, dafür sind wir hier, dass du das Geschenk der Vergebung Gottes bekommst. Eigentlich hat Gott dir es schon gegeben, indem wir miteinander gesprochen haben."

„Ich hoffe Sie nehmen es mir nicht übel, ich möchte dazu gerne in einen richtigen Beichtstuhl gehen!"

„Überhaupt kein Problem, Patrick. Das ist vollkommen in Ordnung. Wir treffen uns gleich im dritten Beichtstuhl auf der rechten Seite der Beichtkapelle. Ich erwarte dich dort!"

Pfarrer Buntenbeck verlässt das Beichtzimmer und geht gemessenen Schritt zum vereinbarten Beichtstuhl. Patrick braucht noch einige Zeit, um sich zu sammeln. Dann begibt er sich ebenfalls in die Beichtkapelle. Er betritt den Beichtstuhl, macht das Kreuzzeichen, setzt sich und sagt: „Im Namen des Vaters, des Sohnes und des Heiligen Geistes. Amen."

Der Priester antwortet: „Gott, der unser Herz erleuchtet, schenke die wahre Erkenntnis deiner Sünden und seiner Barmherzigkeit."

Patrick: „Amen."

Priester: „Höre Worte aus dem 51. Psalm: ‚Gott, sei mir gnädig nach deiner Güte und tilge meine Sünden nach deiner großen Barmherzigkeit. Schaffe in mir, Gott, ein reines Herz und gib mir einen neuen beständigen Geist! Erfreue mich wieder mit deiner Hilfe und mit einem willigen Geist rüste mich aus!' Ich frage dich jetzt: Bekennst du dich zu deiner Schuld, die du auf dich geladen hast?"

Patrick: „Ja, ich bekenne, dass ich vor Gott und an Menschen schuldig geworden bin. Ich habe gelogen und betrogen. Ich habe das Leben anderer Menschen zerstört, indem ich als Drogenkurier unterwegs gewesen bin. Und ich habe mich gegen Gott selbst versündigt, indem ich die Pilgerwege der Gläubigen für kriminelle Machenschaften missbraucht habe. Ich bereue all dies und bitte um Vergebung! Ich bereue, dass ich Böses getan und Gutes unterlassen habe. Erbarme dich meiner, o Herr!"

Priester: „Gott, der barmherzige Vater, hat durch den Tod und die Auferstehung seines Sohnes die Welt mit sich versöhnt und den heiligen Geist gesandt zur Vergebung der Sünden. Durch den Dienst der Kirche schenke er dir Verzeihung und Frieden. So spreche ich dich los von deinen Sünden" – der Priester schlägt das Kreuzzeichen – „im Namen des Vaters des Sohnes und des Heiligen Geistes."

Patrick: „Amen."

Priester: „Dankt dem Herrn, denn er ist gütig."

Patrick: „Sein Erbarmen währet ewig."

Priester: „Der Herr hat dir die Sünden vergeben. Geh hin in Frieden."

Patrick: „Ich danke dir, Herr, für die Vergebung, die ich erfahren habe und für den Mut zu einem neuen Beginn!“

Tief bewegt verlässt Patrick den Beichtstuhl. Das Wunder der vergebenden und Mut machenden Liebe Gottes ist ihm widerfahren. Das spürt er mit jeder Faser seines Herzens! „Ich bin nicht verloren“, jubelt es in ihm. „Ich bin wieder neu geboren!“

Jetzt gibt es für ihn nur eins, was er noch tun muss. Mit Pfarrer von Straaten über die Rettung seiner Schwester sprechen und dann die Disketten der hiesigen Polizei aushändigen. Patrick geht zum Priesterhaus. Er fragt nach, ob Pfarrer von Straaten sich dort aufhält und er hat Glück. Jan von Straaten hat sich im Priesterhaus mit dem Pfarrer von Kevelaer Richard Schulte-Staade getroffen, um mit ihm über eine mögliche Familienfreizeit zu sprechen. Als Jan von Straaten das Besucherzimmer betritt, in dem Patrick auf ihn gewartet hat, erkennt er sofort, dass dies der junge Mann aus der Kerzenkapelle ist. Mit wenigen Worten schildert ihm Patrick seine Lage und die Situation seiner Schwester in Amsterdam. Jan von Straaten bittet Patrick um etwas Geduld. Er geht ins Büro. Dort lässt sich mit dem Polizeipräsidenten aus Amsterdam verbinden. Nach einem längeren Gespräch legt er zufrieden auf. Mit einem Lächeln auf dem Gesicht erzählt er Patrick: „Der Polizeipräsident von Amsterdam hat sehr viel Verständnis für deine Lage gezeigt. Seine Beamten observieren diesen Drogenring schon eine geraume Zeit. Bisher konnten sie aber noch keine entscheidenden Hinweise bekommen. Dass deine Schwester zur Drogenszene gehört, ist der Polizei bekannt. Damit die Gangster keinen Verdacht schöpfen, werden sie deine Schwester heute noch in einen fingierten Unfall verwickeln, um sie danach in Sicherheit zu bringen.“

„Das ist eine geniale Idee!“, jubelt Patrick. „Jetzt kann ich endlich diese Bande auffliegen lassen!“ „Was hast du vor?“, will Pfarrer von Straaten wissen.

„Ich werde die Disketten holen und sie ins Priesterhaus bringen. Dann möchte ich von hier aus die Polizei informieren. Meinen Sie, das wäre möglich?"

„Ich denke schon, Patrick. Pastor Schulte-Staade wird sicherlich damit einverstanden sein, wenn du hier auf die Polizei wartest." „Für den Fall, dass mir etwas zustößt, möchte ich ihnen das Versteck der Disketten anvertrauen. Ist das für Sie in Ordnung?"

„Wenn es dich beruhigt, kannst du mir das gerne sagen", erwidert Pfarrer von Straaten.

„Ich habe die Disketten hinter der siebten Station des Kreuzweges versteckt. Dort ist eine kleine Vertiefung im Boden, über der eine kleine Metallplatte liegt. Da hinein habe ich die Disketten gelegt. Ich werde sie jetzt holen. Falls ich in einer Stunde nicht zurück sein sollte, verständigen Sie bitte die Polizei."

Blitzschnell verlässt Patrick das Priesterhaus. Er schaut sich ängstlich nach allen Seiten um. Dann überquert er schnell den Kapellenhof und geht zielstrebig zum Kreuzweg.

Pfarrer von Straaten bleibt sehr nachdenklich im Priesterhaus zurück. Die Geschichte dieses Jungen hat ihn sehr aufgewühlt. Außerdem fragt er sich, wo eigentlich Martin Buntenbeck bleibt. Plötzlich hört er lautes und aufgeregtes Geschrei an der Eingangstür. Als er dort ankommt, hört er wie Irmgard Kleinschmidt vollkommen außer sich schreit: „Er ist tot! Er ist tot!" „Wer ist tot?", fragt er.

„Unser Pfarrer! Pfarrer Buntenbeck ist erstochen worden!" Irmgard Kleinschmidt bricht in Tränen aus. Sie wird von heftigen Weinkrämpfen geschüttelt. Jan von Straaten führt sie behutsam ins Haus. Er lässt sie sich auf einen Stuhl setzen und reicht ihr ein Glas Wasser. Sie trinkt es in einem Zug aus und beruhigt sich langsam. „Was ist passiert?", fragt Jan.

„Ich wollte zur Beichte gehen. Als ich mich in den Beichtstuhl gesetzt habe und meine Beichte beginnen wollte, hatte ich den merkwürdigen Eindruck, dass der Pfarrer überhaupt nicht reagiert. Als ich ganz still war, dachte ich, ich würde ihn wenigstens atmen hören. Aber auch das gelang mir nicht. Jetzt wurde mir die Sache total unheimlich. Ich habe meinen ganzen Mut zusammengenommen und vorsichtig den Vorhang am Priesterplatz zurückgezogen. Da sah ich, dass Pfarrer Buntenbeck ganz schlaff mit dem Kopf gegen die Wand angelehnt saß. Als ich ihn berührte, um ihn anzusprechen, fiel sein Körper zurück. Er starrte mich mit leeren Augen an. In seiner Brust steckte ein langes Messer. Da wurde mir schlagartig bewusst, unser Pfarrer ist tot. Er wurde umgebracht. Ich wusste überhaupt nicht, was ich tun sollte. In der Kapelle war niemand. Deshalb zog ich den Vorhang wieder zu und beschloss, zum Priesterhaus zu laufen, um Hilfe zu holen."

„Das haben Sie richtig gemacht, Frau Kleinschmidt", beruhigt sie Jan von Straaten. „Auf diese Weise ist keine Panik ausgebrochen. Ich werde jetzt die Polizei verständigen. Außerdem lasse ich die Beichtkapelle abschließen, damit nicht noch mehr Menschen mit diesem grausamen Verbrechen konfrontiert werden."

Doch bevor Jan von Straaten die Polizei anrufen kann, klingelt das Telefon. „Hier Hauptkommissar Schneider, sind Sie Pfarrer Jan von Straaten aus Amsterdam?" „Ja, der bin ich", antwortet er.

„Wir haben gerade einen jungen Mann ins Krankenhaus bringen müssen, der sehr übel zugerichtet wurde. Seine Freundin ist bei ihm; sie hat ihn gefunden. Das Einzige, was er noch stammeln konnte, war Pfarrer Straaten Priesterhaus."

„Das ist Patrick, einer aus unserer Pilgergruppe. Wie geht es ihm? Wird er durchkommen?", fragt Jan besorgt.

„Das lässt sich noch nicht genau sagen. Auf jeden Fall ist sein Zustand sehr, sehr ernst."

„Haben Sie bei dem Jungen Disketten gefunden?" „Nein, nicht dass ich wüsste! Wie kommen Sie darauf? Was sind das für

Disketten?" „Wichtige Beweisstücke, um einer kriminellen Bande das Handwerk legen zu können. Bitte schicken Sie einen Streifenwagen zum Kreuzweg. Hinter der siebten Station ist eine Erdvertiefung, über der eine kleine Metallplatte liegt. Darin liegen hoffentlich noch diese überaus brisanten Disketten. Im Übrigen scheint heute der Tag der Verbrechen in Kevelaer zu sein."

„Wie kommen Sie darauf?", fragt Hauptkommissar Schneider verdutzt.

„Weil mein Amtsbruder Martin Buntenbeck erstochen in einem Beichtstuhl der Beichtkapelle liegt." „Sie machen Witze, Herr Pfarrer."

„Leider Gottes nicht, Herr Kommissar. Nach Scherzen ist mir wirklich nicht zumute. Ich wollte Sie selbst gerade anrufen, um Ihnen diese traurige Mitteilung zu machen."

„Gibt es Zeugen für die Tat?", will Hauptkommissar Schneider wissen.

„Leider nicht; eine unserer Pilgerinnen hat ihn gefunden, als sie zur Beichte gehen wollte. Sie sitzt hier bei mir im Priesterhaus."

„Wir kommen sofort, Herr Pfarrer. Bitte sorgen Sie dafür, dass niemand mehr die Kapelle betritt."

„Ich habe das bereits veranlasst." „Danke für Ihr Entgegenkommen!"

„Ich kann mir denken, wer das getan hat!", bricht es unvermittelt aus Irmgard Kleinschmidt heraus. „Das waren bestimmt diese üblen Kerle, die Patrick ständig belauert haben!" „Ich vermute das auch", pflichtet ihr Pfarrer von Straaten bei. „Sie sollten das der Polizei erzählen, wenn sie gleich eingetroffen ist."

„Das werde ich auch!" Irmgard Kleinschmidt ist immer noch sehr erregt. „Darauf können Sie sich verlassen. Diesen Leuten muss das Handwerk gelegt werden!"

Kurze Zeit später hält ein Streifenwagen unmittelbar vor dem Priesterhaus. Hauptkommissar Schneider und seine Kollegin Miriam Rosen steigen aus. Pfarrer von Straaten geht ihnen entgegen. „Sind Sie Pfarrer von Straaten?“, fragt Karsten Schneider.

„Ja, Herr Kommissar. Kommen Sie, ich bringe Sie gleich zum Tatort.“

„Lassen Sie uns erst ins Haus gehen, Herr Pfarrer. Ich habe eine äußerst wichtige Information für Sie. Außerdem möchte ich noch auf die Leute von der Spurensicherung warten.“

Pfarrer von Straaten führt die Beamten ins Sprechzimmer. Dort sitzt Frau Kleinschmidt. Sie ist immer noch sehr aufgewühlt. Hauptkommissar Schneider begrüßt sie freundlich und lässt sich kurz von ihr die Umstände schildern, unter denen sie Pfarrer Buntenbeck gefunden hat. Er dankt Frau Kleinschmidt für ihre Aussage und bittet seine Kollegin, diese zu Protokoll zu nehmen.

Danach wendet er sich wieder an Pfarrer von Straaten: „Wo können wir ungestört miteinander reden?“

„Im Büro, Herr Kommissar. Bitte folgen Sie mir.“

Als die beiden Männer unter sich sind, erläutert der Kommissar die Sachlage. „Die Geschichte hat eine sehr dramatische Wendung genommen. Als unsere Beamten an der siebten Station des Kreuzzuges ankamen, eröffneten drei Männer, die sich dort verschanzt hatten, ohne Vorwarnung das Feuer. Gottseidank konnten die Kollegen noch rechtzeitig in Deckung gehen. Sie haben sofort Verstärkung angefordert. Im Verlauf des Schusswechsels wurden zwei der Männer angeschossen und außer Gefecht gesetzt. Als der Dritte die Flucht ergriff, konnte ihn einer unserer Leute überwältigen. Dabei fielen ihm eine Handvoll Disketten aus der Jacke.“

„Das sind die Beweisstücke!“, jubelt Pfarrer von Straaten.

„Davon gehen wir auch aus“, erwidert Hauptkommissar Schneider. „Wir haben sie zwar noch nicht gesichtet, aber unsere

Fachleute sind dran. Jedenfalls war das Versteck, das Sie uns genannt hatten, leer." „Und die drei Leute hatten Sie die in Ihrer Kartei?", will Pfarrer von Straaten wissen.

„Wir zwar nicht, aber unsere Amsterdamer Kollegen. Sie waren ganz glücklich, als ich ihnen erzählte, dass uns diese drei Gauner in die Hände gefallen sind. In Holland werden sie wegen diverser Delikte gesucht unter anderem wegen Drogenmissbrauch und schwerer Körperverletzung! Ihr Anführer Kevin Howland ist ein äußerst gefährlicher und brutaler Gewaltverbrecher!" „So schließt also der Kreis der Gewalt, Herr Kommissar." „Wie meinen Sie das, Herr Pfarrer?"

„Ja, sehen Sie. Mein Freund und Amtsbruder Martin Buntenbeck erfährt in der Beichte von Patrick Hausmann, dass er in die Fänge von Verbrechern geraten ist und sich selbst in verbrecherische Machenschaften verstrickt hat. Gott hat diesem jungen Mann Vergebung geschenkt. Dadurch ist ihm ein neuer Anfang ermöglicht worden. Da dieses Geschehen der Versöhnung unter dem Beichtgeheimnis stand, hat Pfarrer Buntenbeck Patrick gebeten, mit mir sein weiteres Vorgehen zu erörtern. Deshalb konnte er mir sein Geheimnis anvertrauen, und ich konnte Sie informieren. Sie – und Ihre Kollegen – Herr Kommissar haben Ihre Aufgabe erfüllt, Sie haben die Verbrecher festgenommen und die Beweismittel gesichert. Mein Amtsbruder Martin Buntenbeck hat das getan, was unsere Aufgabe ist – Gottes grenzenlose und vergebende Liebe unter den Menschen auszuteilen."

„Leider hat er dafür mit seinem Leben bezahlt", kommentiert Hauptkommissar Schneider bitter.

„Damit haben Sie leider Gottes recht. Dies ist umso tragischer, als dieser Mord vollkommen sinnlos gewesen ist. Denn Pfarrer Buntenbeck hätte sein Beichtgeheimnis nie und nimmer gebrochen!"

„Ich höre, die Kollegen von der Spurensicherung und die Bestatter sind eingetroffen. Möchten Sie dabei sein, Herr Pfarrer, wenn wir den Tatort inspizieren und Ihr Freund abgeholt wird?“

„Ehrlich gesagt nein. Wenn Sie erlauben, würde ich gerne, bevor Sie mit Ihren Untersuchungen beginnen, ein kurzes Gebet für ihn sprechen, um mich von ihm zu verabschieden und ihn Gott anzuempfehlen. Wäre das möglich?“ „Eigentlich nicht, aber in Ihrem Fall möchte ich eine Ausnahme machen. Ich gebe Ihnen zehn Minuten.“

„Danke, Herr Kommissar, das werde ich Ihnen nie vergessen. Gott segne Sie!“

Danach gehen sie gemeinsam zur Beichtkapelle, wo bereits die anderen Beamten sowie der Gerichtsmediziner als auch der Bestatter warten. Hauptkommissar Schneider teilt allen kurz mit, dass sie sich noch zehn Minuten gedulden müssen, um mit ihrer Arbeit beginnen zu können. Jan von Straaten betritt die Beichtkapelle, taucht seine Finger in das Weihwasserbecken und schlägt das Kreuz über seinen Körper. Dann geht er ruhig und gelassen zum Beichtstuhl, in dem sein toter Freund liegt. Vorsichtig zieht er den Vorhang zurück. Der Anblick von Martin Buntenbeck lässt ihn einen kurzen Augenblick stocken. Doch dann fasst er sich, kniet nieder, nimmt seinen Rosenkranz aus der Tasche und beginnt zu beten: „Lieber Martin, du warst der beste Freund, den ich in meinem Leben hatte. Du hast mir so viel gegeben – dein Vertrauen, deine Zuneigung und deinen tiefen Glauben an die Liebe Gottes, von der uns nichts trennen kann. Dein Tod ist so sinnlos! Gott allein weiß, warum dies geschehen ist. Ich möchte jetzt für dich den Rosenkranz beten, den du so sehr geliebt hast. Gottes Liebe möge dir das Licht des ewigen Lebens schenken!“

Nachdem Jan den Rosenkranz gebetet hat, erhebt er sich langsam, zündet für seinen Freund eine Kerze an und verlässt mit traurigem Herzen die Beichtkapelle, um den Gemeinden, die in der Basilika auf ihn warten, mitzuteilen, dass Pfarrer Buntenbeck ermordet worden ist. Nach dieser Zeit des stillen Gedenkens wimmelt es in der Beichtkapelle von Menschen.

Überall herrscht geschäftiges Treiben. Der Tod eines Priesters hat sie alle hierhergeführt. Das Letzte, was er in seinem Leben erfahren hatte, war das Wunder der Versöhnung und das Geschenk eines Neubeginns!

Das Messer, mit dem der Pfarrer Buntenbeck erstochen wurde, ist übersät von Kevin Howlands Fingerabdrücken. Nach anfänglichem Leugnen gesteht Kevin schließlich den Mord an Martin Buntenbeck. „Der Pfaffe musste weg, sonst hätte er uns verpfiffen!“, schnauzt Kevin die Beamten an. „Patrick hat sich doch bei dem im Beichtstuhl ausgekotzt!“

„Haben Sie schon einmal was vom Beichtgeheimnis gehört?“, fragt ihn Hauptkommissar Schneider.

„Nee, keine Ahnung, was das ist“, erwidert Kevin. „Ist mir auch vollkommen schnuppe!“

Die von Patrick bespielten Disketten sind für die deutsch-holländische Polizei eine regelrechte Offenbarung. Aufgrund dieser Informationen kann ein großangelegter Drogendealer-Ring ausgehoben werden.

Patrick überlebt Gottseidank die schweren Misshandlungen. Überglücklich sagt er Yvonne im Krankenhaus endlich, wie sehr er sie liebt und wie leid es im tut, sie so schamlos belogen zu haben.

Die Polizei nimmt seine Schwester Mareike, seine Freundin Yvonne und ihn in ein Zeugenschutzprogramm auf, um die Drei vor weiteren Nachstellungen der Drogendealer zu schützen.

Aber es belastet Patrick in seiner Seele sehr, dass Pfarrer Buntenbeck getötet wurde, weil er ihm die Beichte angenommen und ihm damit Gottes Vergebung zugesprochen hat. Nachdem er aus dem Krankenhaus entlassen wird, geht er noch einmal in die Beichtkapelle. Er zündet dort eine Dank- und Gedenkkerze für einen Gottesmann an, der ihm die vergebende und befreiende Liebe Gottes geschenkt hat und dadurch sein Leben lassen musste.

Für Patrick gibt es keinen Zweifel! Hier in der Beichtkapelle ereignen sich die wahren Wunder von Kevelaer!

Der Doppelmord von Fröndenberg
oder: Das achte Gebot

»Leben wir, so leben wir für den Herrn, sterben wir, so sterben wir für den Herrn«, eröffnete Pfarrer Klaus Mintard die Trauerfeier für Marlies Kellermann. »Im Leben und im Sterben gehören wir dem Herrn. Denn Christus ist gestorben und wieder lebendig geworden, um über Tote wie Lebendige Herr zu sein.«

Die Worte des Apostel Paulus klangen durch die vollbesetzte Fröndenberger Stiftskirche. Als Mitglied der katholischen Pfarrgemeinde hatte Marlies Kellermann den Pfarrer auf dem Sterbebett darum gebeten, ihren Trauergottesdienst in der evangelischen Stiftskirche zu feiern. Das irritierte viele katholische Gemeindeglieder. Aber Pfarrer Mintard hatte ihren letzten Wunsch respektiert.

»Die Zusammenarbeit mit der evangelischen Gemeinde hat Marlies immer besonders am Herzen gelegen«, sagte er in seiner Trauerrede und erinnerte an die erste ökumenische Bibelwoche, die in Fröndenberg vor zwanzig Jahren auf Initiative der Verstorbenen hin durchgeführt worden war.

Seitdem bestand ein reger Austausch zwischen der evangelischen und katholischen Gemeinde, eine Verbundenheit, die derzeit eine ganz persönliche Note hatte, weil sich die beiden Pfarrer bereits als Jugendliche aus der Pfadfinderbewegung kannten.

Deshalb war nun auch niemand darüber verwundert, dass Klaus Mintard nach seiner Trauerrede das Wort an seinen evangelischen Kollegen Karsten Dreyer übergab. In seinem Nachruf nannte Dreyer die Verstorbene eine Brückenbauerin nicht nur zwischen den verschiedenen Konfessionen, sondern auch zwischen der Kommune und den Gemeinden. Schließlich war es ihrer Initiative zu verdanken gewesen, dass die Kirchen ihren Widerstand gegen den Golfklub Gut Neuenhof überwunden hatten und die Kluberöffnung schließlich mit einem ökumenischen Gottesdienst in der Stiftskirche begangen worden war.

Sowohl Karsten Dreyer als auch Klaus Mintard war das Interesse der Verstorbenen für die Geschichte des Gotteshauses aufgefallen. Lag es daran, dass Marlies Kellermann sich als Zugereiste mit der Geschichte ihrer neuen Heimat hatte vertraut machen wollen?

Am Anfang der Geschichte der Stiftskirche hatte ein Mord gestanden. Graf Otto von Altena hatte nach 1225 als Sühnopfer auf eigene Kosten den Bau der Klosterkirche für Zisterzienserinnen begonnen, nachdem Friedrich von Isenburg seinen Onkel, den Erzbischof von Köln, ermordet hatte. Anfangs wurde das Gotteshaus ‚Kirche der seligen Jungfrau Maria' genannt, später nur noch schlicht Stiftskirche. Im 16. Jahrhundert entwickelte sich das Kloster zu einem Freien Stift für die Töchter des südwestfälischen Adels, mit der Reformationszeit wurde die Stiftskirche dann zu einer klassischen Simultankirche, in der man sowohl katholische als auch lutherische und reformierte Gottesdienste feierte.

Und auch nachdem die katholischen Christen 1985 mit der Marienkirche am Südhang des Sodenkamps ein eigenes geistliches Zuhause erhalten hatten, blieb die Stiftskirche eine Simultankirche, da die katholische Gemeinde das Recht behielt, dort ein- bis zweimal im Jahr eine Messe zu zelebrieren. Sollte dies einmal aus irgendwelchen Gründen nicht möglich sein, so stand es in den alten Verträgen, dann würden die Katholiken ihr Messfeier-Recht für immer verlieren.

Marlies Kellermann hatte dieses Kleine Simultaneum der Stiftskirche immer als eine Chance gesehen, evangelische und katholische Christen an ihre gemeinsamen Wurzeln zu erinnern. Jetzt, nach ihrem Tod, mehrten sich allerdings die Stimmen derjenigen, denen dieser Schmusekurs schon immer ein Ärgernis gewesen war.

»Schneidet diesen alten Zopf endlich ab«, hieß es. »Schafft klare Verhältnisse!«, forderten andere. Um den Kritikern an der Fröndenberger Ökumene eine klare Absage zu erteilen, hatten Klaus Mintard und Karsten Dreyer deshalb den brasilianischen Kardinal Dom Geraldo Agnello, der sich besuchsweise in Fröndenberg aufhielt, gebeten, die Aussegnung für Marlies vorzunehmen. Nach dem Zeremoniell wurde das Kirchenportal geöffnet. Die Sargträger holten die zahlreichen Kränze und legten sie draußen auf einen Anhänger. Niemand in der Trauergemeinde bemerkte die entsetzten Blicke der beiden Pfarrer, als ein besonders prächtiger Kranz an ihnen vorbeigetragen wurde. Die Schleifen flatterten. Auf der einen stand: ‚Du sollst nicht falsch Zeugnis ablegen wider deinen Nächsten.' Und auf der anderen: ‚17. Mai 1971.'

Nach der Beisetzung auf dem neuen städtischen Friedhof, auf dem laut Ratsbeschluss aller Fraktionen Marlies Kellermann eine Grabstätte im Namen der Stadt Fröndenberg eingerichtet worden war, fuhr die gesamte Trauergesellschaft zum Golfklub Gut Neuenhof. Der Klubvorstand hatte es sich nicht nehmen lassen, die Trauernden für den Leichenschmaus zum Kaffeetrinken einzuladen.

Obwohl erst 1999 eröffnet, war das Klubhaus in kürzester Zeit über die Grenzen der Region hinaus bekannt geworden, nicht nur wegen seiner meisterlichen Architektur, sondern auch wegen der herausragenden Küche des Restaurants. Außerdem konnte die Aussicht von der Terrasse, der herrliche Blick von den

Höhen des Haarstranges auf die Nordausläufer des Sauerlandes, süchtig machen. Besonders an Tagen wie heute, an dem das frische Grün der Wälder des Mittelgebirges von einer munteren Maisonne angestrahlt wurde. So schlug die gedrückte Stimmung im Klubhaus schon bald in fast ausgelassene Heiterkeit um. Die beiden Geistlichen kannten das. Unter dem Motto ‚Hurra wir leben noch!' wurde gescherzt und gelacht. Auch der Kardinal wurde bald von der lebensfrohen Stimmung mitgerissen. Nur Mintard und Dreyer, die normalerweise nicht ins Glas spuckten, hielten sich sonderbar zurück und sprachen immer aufgeregter miteinander. Bald zogen sie sich auf die Sommerterrasse zurück. Die anderen Gäste bemerkten es kaum. Man ließ sich den Rotwein des Hauses schmecken und schwelgte in Erinnerungen.

Langsam füllte sich die Terrasse und nicht wenige nahmen hier ihren Kaffee ein. Auch den Kardinal zog es hinaus. Als er sich zu Mintard und Dreyer gesellen wollte, die etwas abseits standen, entschuldigte sich der katholische Pfarrer plötzlich – mit seinem Magen sei wohl etwas nicht in Ordnung – und ging Richtung Toilette. Der Kardinal scherzte noch, Mintard habe wohl dem Streuselkuchen zu sehr zugesprochen, widmete dann aber seinen lateinamerikanisch-lebendigen Spott den Trainierenden auf der Driving Range, wo einige unermüdliche Golfer verbissen an ihrer Technik arbeiteten. An den Teichen, wo Bahn neun und zehn sich mehr oder weniger berührten, suchte ein Pärchen offensichtlich nach einem Ball. »Pech gehabt«, meinte der Kardinal und nahm einen ordentlichen Schluck Wein, den er allerdings vor Schreck sofort wieder ins Glas prustete, als ein langanhaltender, markerschütternder Schrei die Trauergesellschaft aufschreckte. Viele waren aufgestanden und sahen sich an und um. Woher war dieser Schrei gekommen? Schließlich stürzte Sven Meier, ein langjähriger Messdiener, mit angsterfülltem Blick aus den Toiletten:

»Unser Pfarrer ist tot!« Karsten Dreyer war der Erste, der sich wieder fasste.

»Kommen Sie!« Mit dem Kardinal, dem Bürgermeister und dem Klubmanager im Schlepptau eilte er zur Herrentoilette. Eine Kabine stand auf, die Tür hing in den Angeln. Klaus Mintard lag mit verdrehten Beinen auf den Fliesen. Martin Steinke, der Klubmanager, beugte sich über den reglosen Pfarrer und versuchte, seinen Puls zu fühlen. Karsten Dreyer hatte schon sein Handy am Ohr, um einen Notarzt zu rufen. In der Tür tauchte Sven Meier auf. Er war leichenblass und stotterte: »Ich hatte ... mich an das Becken gestellt, da habe ich einen dumpfen Schlag aus der Kabine gehört.« Danach hatte Sven den Pfarrer röcheln gehört und kurz entschlossen die Kabinentür aufgebrochen. »Aber da regte er sich schon nicht mehr.«

»Lebt er noch?«, wollte der Bürgermeister wissen.

»Ich weiß es nicht«, antwortete Martin Steinke. »Ich kann seinen Puls nicht fühlen. Seinen Atem spüre ich auch nicht.« Erleichtert hörten die vier nach ein paar Minuten die Sirene des Notarztwagens, der sich dem Golfklub näherte. Der Arzt und die Rettungssanitäter zogen den leblosen Pfarrer aus der Kabine heraus und begannen mit ihren Untersuchungen und Tests. Der Pfarrer, der Klubmanager und der Bürgermeister wurden von den Rettungssanitätern gebeten, draußen zu warten. Der brasilianische Kardinal war schon verschwunden, als der Rettungswagen eintraf. Nach fünfzehn Minuten, die allen wie eine Ewigkeit vorkamen, trat der Arzt aus der Toilette. »Meine Herren, es tut mir leid, aber Pfarrer Mintard ist tot.«

»Woran ist er gestorben?«, wollte Bürgermeister Krane wissen.

»Das kann ich zu diesem Zeitpunkt nicht mit Bestimmtheit sagen«, erwiderte der Arzt. »Vermutlich war es Herzversagen. Hat er an einer Herzschwäche gelitten?« Die Blicke der anderen richteten sich auf Pfarrer Karsten Dreyer. »Darüber weiß ich nichts«, sagte er.

»Ich werde als Todesursache ungeklärt auf den Totenschein schreiben!«, meinte der Arzt.

»Heißt das, Sie vermuten, unser Pfarrer ist einem Verbrechen zum Opfer gefallen?«, fragte der Bürgermeister entsetzt.

»Das heißt, dass die Polizei die Sache jetzt erst einmal untersuchen wird«, sagte der Arzt trocken. »So sind die gesetzlichen Vorschriften.«

Keine halbe Stunde später waren die Kommissare Werner Müller und Britta Tembe vor Ort. Während Britta Tembe sich bei der verstörten Trauergesellschaft einen Überblick verschaffte, ließ sich Müller vom Notarzt berichten. Als der Mediziner erwähnte, dass ihm bei dem Toten neben dem starken Alkoholgeruch auch eine merkwürdige Trockenheit im Mund und rissige Lippen aufgefallen waren, rief Müller die Kollegen von der Kripo in Unna an und wandte sich anschließend an den Klubmanager: »Sagen Sie bitte den Trauergästen, dass sie noch hierbleiben müssen, bis man sie befragt hat.«

»Aber es sind schon eine Menge Gäste gegangen«, warf Pfarrer Dreyer ein.

»Dann wollen wir mal verhindern, dass uns der Rest auch noch wegläuft«, sagte Müller. Als er den Festsaal betrat, war die große Unruhe und Aufregung unter den Gästen mit Händen zu greifen. Müller hob die Arme. »Meine Damen und Herren…« Es wurde ruhig. »Meine sehr geehrten Damen und Herren«, sagte Müller, »ich muss Ihnen die traurige Mitteilung machen, dass Pfarrer Mintard tot ist. Leider wissen wir zurzeit noch nicht, woran er gestorben ist. Wir können nicht mit Sicherheit ausschließen, dass er einem Verbrechen zum Opfer gefallen ist. Ich bitte

Sie um Verständnis, dass Sie erst nach Aufnahme Ihrer Personalien und einer kurzen Befragung durch unsere Kripokollegen den Golfklub verlassen dürfen. Begeben Sie sich bitte nach nebenan ins Restaurant. Die Kollegen kommen dann zu Ihnen, damit Sie Ihre Aussage machen können.«

Kurze Zeit später trafen die Kripobeamten, der Gerichtsmediziner und ein Bestatter im Golfklub ein. Müller erstattete der leitenden Kriminalkommissarin Sabine Jäger auf dem Weg zur Toilette einen ersten Bericht. Sabine Jäger winkte einen ihrer Kollegen zu sich: »Kleinert, Sie leiten die Befragung der Zeugen!« Dann zog sie sich ein Paar Latexhandschuhe über und betrat die Toilette. Dr. Alois Pracht, der Gerichtsmediziner, kniete noch neben dem toten Pfarrer. »Kannst du schon etwas über die mögliche Todesursache sagen, Alois? «

»Leider nichts Konkretes, Sabine. Aber diese rissigen Lippen und die ungewöhnliche Mundtrockenheit sehen nach einer Vergiftung aus. Genaues kann ich aber erst nach der Obduktion und der toxikologischen Untersuchung sagen. Ihr solltet Proben von den Getränken und Speisen sichern, die der Pfarrer vielleicht zu sich genommen hat.«

»Die Kollegen von der Spurensicherung nehmen gerade alles unter die Lupe. Wann kannst du uns genauere Angaben machen?«

»Morgen. Ich werde ihn heute noch obduzieren. Gleichzeitig lass ich das, was er zu sich genommen hat, im Labor untersuchen.«

»Hört sich gut an, Alois. Mir wäre viel wohler, wenn ich wüsste, ob wir einen Mörder suchen müssen oder nur den plötzlichen Tod eines Priesters zu beklagen haben.«

Als Sabine Jäger die Toilette verließ, kamen ihr schon die beiden Bestatter entgegen, die den Toten nachher ins gerichtsmedizinische Institut nach Münster bringen würden. Im Festsaal des Golfklubs nahmen die Spurentechniker den Platz an der Tafel unter die Lupe, an dem Klaus Mintard vor seinem Tod gesessen hatte. Sie sicherten Reste von Kirschstreuselkuchen auf seinem Teller, nahmen Proben von dem Mineralwasser und klebten das leere Rotweinglas nach Fingerabdrücken ab.

Die Kommissarin schob die Terrassentür auf. Ein frischer Lufthauch wehte in den Saal. Eine blonde Kellnerin schob sich an der Kommissarin vorbei in den Festsaal. Auf der Terrasse schoss Kardinal Agnello von seinem Plastikstuhl in die Höhe.

»Wer hat neben Pfarrer Mintard an der Tafel gesessen?«, fragte sie.

»Wer ... « Der Kardinal schloss kurz die Augen. »Nun ... ich an seiner Linken und Pfarrer Dreyer zu seiner Rechten.«

»Dann brauchen wir gleich Ihre Aussage!« Sabine Jäger sah sich um. »Wo ist Herr Dreyer?«

»Mein Amtsbruder fühlte sich nicht wohl. Er wollte ein wenig frische Luft schnappen.« Der Kardinal wies auf den gepflegten Golfrasen, auf dem hunderte gelber Bälle von den Übungsschlägen der Spieler zeugten. »Dort zu den Büschen ist er gegangen.«

Sabine Jäger winkte einen Kollegen zu sich und machte sich auf Weg zu den Büschen. Als sie den Fuß und das Bein entdeckte, die hinter den Büschen hervorragten, stoppte sie. »Langsam!«

Behutsam näherten sie sich. Pfarrer Dreyer lag reglos auf dem Grün, das Gesicht verzerrt, den Mund aufgerissen. Sabine Jägers Kollege meinte so etwas wie einen Fluch zu hören, als die Kommissarin am Hals des Pfarrers nach dem Puls fühlte. »Tot«, murmelte sie. »Hol Dr. Pracht zurück und bestell noch einen Bestatter. Hier gibt es noch mehr Arbeit.«

Fröndenberg hatte einen handfesten Skandal. Zwei tote Pfarrer an einem Tag – das konnte kein Zufall sein. Jeder der Trauergäste, der nach der Befragung von der Kripo aus dem Golfklub entlassen wurde, hatte neue Spekulationen, die er unbedingt seinen Freunden und Bekannten am Telefon mitteilen musste. Die Leitungen glühten und einige ließen es sich auch nicht nehmen, zum Golfklub zu fahren und dort hinter der Polizeiabsperrung an der Zufahrt zu gaffen. Und natürlich hatte auch die Presse sofort Wind von der Geschichte bekommen. Fotografen und Reporter lungerten vor dem Clubhaus herum und warteten auf eine Presseerklärung.

Doch die wollte Kommissarin Jäger nicht geben, solange sie keine Klarheit über die Todesursache hatte. Es war jetzt kurz vor Mitternacht, die Befragungen der Trauergäste waren abgeschlossen und Sabine Jäger saß mit ihrem Kollegen Kleinert müde an der Bar des Klubs. Zur Abwechslung hatte sie sich statt Kaffee ein Mineralwasser bestellt. Ihre Augen brannten. Zwei tote Geistliche innerhalb von knapp zwei Stunden – das war sicherlich kein Zufall. Gerade als Sabine Jäger sich überlegte, dass es Zeit wäre, Feierabend zu machen, läutete ihr Mobiltelefon. Es war Dr. Pracht. »Ihr müsst euch auf die Suche nach einem Mörder machen «, sagte der Gerichtsmediziner. »Ihr könnt davon ausgehen, dass eure Pastoren umgebracht worden sind.«

»Bist du dir absolut sicher, Alois?«

»Alles rein vorläufig und informatorisch«, fuhr Pracht fort. »Aber für mich gibt es keinen Zweifel, dass jemand den beiden eine hohe Dosis eines sehr starken Schmerzmittels in ihren Rotwein gemischt hat. Das führte zu einer Lähmung der Atmung. Dadurch bekamen sie nicht mehr genug Sauerstoff, der Kreislauf brach zusammen und das Herz setzte aus. Der trockene Mund und die rissigen Lippen sind ein Indiz für die Unterversorgung mit Sauerstoff. Die ersten toxikologischen Untersuchungen des Mageninhalts haben Hinweise auf Gift ergeben. Details kann ich leider erst später liefern.«

»Alois, ich danke dir für deine schnelle Analyse.« Sabine Jäger fuhr sich seufzend übers Gesicht. Das idyllische Fröndenberg hatte seinen spektakulären Skandal. Und sie würde es der Presse verklickern müssen. „Morgen!“, entschied sie.

Natürlich stürzten sich die Medien regelrecht auf diese sensationelle Story. Schon bei der Pressekonferenz, die Sabine Jäger am nächsten Morgen zusammen mit dem Staatsanwalt und dem Fröndenberger Bürgermeister gab, machten wilde Gerüchte die Runde. Wegen des großen Journalistenandrangs hatte man die Veranstaltung in den Ratssaal verlegen müssen. Waren hier ‚fanatische Gegner der Ökumene am Werk?‘, lautete die noch am wenigsten provokante Schlagzeile am nächsten Tag. ‚Priester-Killer in Fröndenberg!‘, tönte eine Boulevard-Zeitung und fragte: ‚Glaubenskrieg am Hellweg?‘

Die Fröndenberger selbst waren in hellem Aufruhr, schließlich hatte die idyllische Stadt noch nie eine so grausame Tat erlebt, einmal von den mysteriösen, nie wirklich aufgeklärten Todesfällen in der Fischerhütte an der Ruhr unterhalb des Bahnhofs vor zwei Jahren abgesehen. Zwischen den beiden Kirchengemeinden verschlechterte sich die Stimmung merklich.

Unglückseligerweise stand gerade jetzt auch noch die Feier der heiligen Messe in der Stiftskirche unmittelbar bevor; die Feier, mit der die Gemeinde ihr Recht auf die Nutzung des Gotteshauses als Simultaneum erneuern musste. Der Kirchenvorstand war sich uneinig darüber, ob der Gottesdienst in der angespannten Situation abgehalten werden sollte, nur um das Simultaneums-Recht zu wahren. Einige sahen in den Priestermorden ein böses Omen und plädierten für die Aufgabe des Simultaneums. Andere waren der Auffassung, dass gerade unter dem Eindruck der grausamen Morde, die immerhin Priester beider Konfessionen betrafen, ein Zeichen der Verbundenheit besonders wichtig wäre. Den Ausschlag für die Entscheidung zu Gunsten eines Stiftskirchen-

Gottesdienstes gab schließlich Kardinal Agnello, der sich anbot, die Messfeier zu gestalten.

Also zelebrierte der Brasilianer unter überwältigender Beteiligung der Gemeinde am Samstag nach den Golfklub-Morden eine würdige und ernste Messe. Und auch als Fröndenberg drei Tage später mit großer Anteilnahme von ihren beiden Pfarrern Abschied nahm, gestaltete Kardinal Agnello die Totenfeier. ‚Protestanten schlagen zu! Katholiken schlagen zurück!', titelte die Boulevardzeitung ausgerechnet am Tag der Bestattung von Klaus Mintard und Karsten Dreyer und strickte einige abstruse Theorien über einen neuen Glaubenskrieg am Hellweg. Als Kronzeugen dafür hatte man einen Experten in Kirchengeschichte ausgegraben, der im Interview von den Glaubenskriegen des 16. Jahrhunderts berichtete, nach denen in Fröndenberg konfessionelle Geheimbünde entstanden seien, die sich offensichtlich noch bis heute erbittert bekämpften. Die beiden Pfarrer als Opfer solcher Geheimbünde? Eine abstruse Vermutung. Oder doch nicht? Als die Theorie dann auch noch vom Fernsehen aufgegriffen wurde und schließlich in den seriösen Zeitungen landete, sahen sich sowohl die Westfälische Landeskirche als auch das Bistum Paderborn gezwungen, öffentlich Stellung zu beziehen. Beide Kirchen versicherten einmütig, dass derartige Spekulationen jeglicher Grundlage entbehrten, und sprachen den Fröndenberger Gemeinden ihr volles Vertrauen aus. Um ihr Einvernehmen und die ökumenische Verbundenheit kundzutun, luden schließlich Erzbischof Hans-Josef Becker und der Westfälische Präses Alfred Buß zu einer Pressekonferenz in die Stiftskirche ein. Gemeinsam mit dem Fröndenberger Bürgermeister und den Vertretern der Kripo wollte man eindeutig zu den Vorfällen Stellung nehmen und alle notwendige Aufklärung liefern. Als Termin für die Pressekonferenz wurde der 17. Mai 2004 festgelegt.

Für Sabine Jäger und ihren Kollegen Tobias Kleinert war es kein angenehmer Auftritt. Neben den Kirchenvertretern und dem Bürgermeister von Fröndenberg saßen sie in der Vormittagskühle der Stiftskirche fünfzig Journalisten gegenüber. Kameras waren in einer Reihe vor dem Tisch aufgebaut, eine Batterie von Mikrofonen stand vor jedem von ihnen.

Während die beiden Kirchenvertreter die Pressekonferenz eröffneten, beobachtete Sabine Jäger, wie sich ein Kameramann mit gelangweiltem Blick zur Seite drehte und die Kirchenfenster und den Altar hinter den Offiziellen filmte. Die Appelle der Kirchen und der Gemeinde, Ruhe und Besonnenheit zu bewahren, interessierten die Journalisten nicht besonders. Man wollte Ermittlungsergebnisse hören. Doch was konnte Sabine Jäger bieten? Nicht mehr als das genaue Obduktionsergebnis von Dr. Pracht, der inzwischen den Namen des Medikamentes hatte ermitteln können, an dem die beiden Geistlichen gestorben waren. Und dass man relativ leicht daran kommen konnte – wenn man irgendwo im medizinisch-pharmazeutischen Bereich arbeitete. Dass sie immer noch an der Überprüfung der Trauergäste arbeiteten. Dass die Kriminaltechnik in dem Rotweinglas an Klaus Mintards Platz Spuren des Medikamentes gefunden hatte, aber keine fremden Fingerabdrücke. Dass das Glas, aus dem Karsten Dreyer getrunken hatte, immer noch nicht aufgetaucht war. Die ganze Ermittlung war festgefahren.

Zum Glück entwickelte sich, ehe sie das vor allen Mikrofonen und Kameras zugeben musste, eine hitzige Debatte zwischen den Kirchenvertretern und den Journalisten über den reißerischen Stil der Berichterstattung. Präses Buß beendete die Auseinandersetzung mit der deutlichen Aufforderung, nicht weiter Panikmache zu betreiben, und schloss die Veranstaltung.

Weil Sabine Jäger die Kirche nicht gemeinsam mit den Journalisten verlassen wollte, die ihr dann möglicherweise doch noch die Frage nach dem Versagen der Polizei hätten stellen können, wartete sie mit Tobias Kleinert beim Altar, bis sich die Pressemeute verlaufen hatte. Der Altar war mit farbenprächtigen Strelitzien geschmückt. Die Kommissarin wunderte sich darüber, dass die spitz zulaufenden Blumen wie Pfeile nach innen auf das Türchen des Altar-Tabernakels zeigten. Neugierig ging sie näher an den Altar und erkannte hinter dem einen Spalt breit geöffneten Tabernakel-Türchen etwas weiß Schimmerndes. Behutsam öffnete sie das Türchen. Im Tabernakel lag ein Briefumschlag mit Trauerrand. Die Kommissarin nahm ihn und zog eine Trauerkarte heraus.

»Du sollst nicht falsch Zeugnis reden wider deinen Nächsten!« – 17. Mai 1971 – Marlies Kellermann – Klaus Mintard – Karsten Dreyer.

Eine Stunde später saßen Sabine Jäger und Tobias Kleinert in ihrer Dienststelle. Bei einer ersten Untersuchung des Umschlages und der Trauerkarte waren keine Fingerabdruckspuren gefunden worden. Karte und Trauerumschlag waren Standardware, die man in jedem Kaufhaus bekommen konnte. Die Schrift auf der Karte stammte von einem Kolbenfüller, die Farbe der Tinte war Königsblau. In einer grafologischen Deutung der streng ausgeführten Buchstaben mit den gut ausgeprägten Unterlängen wollten sich die Kriminalbeamten lieber nicht versuchen.

»Trittbrettfahrer«, vermutete Tobias Kleinert. »Oder ein Wichtigtuer. Ein Spaßvogel.«

»Oder«, sagte Sabine Jäger, »das Datum unter dem achten Gebot ist der Schlüssel zu diesem Fall.«

»Dann muss dieser 17. Mai 1971 für die drei Toten eine ganz entscheidende Bedeutung haben. Ich kann das natürlich überprüfen.«

»Tu das!«, sagte Sabine Jäger. »Ich will mir hinterher nicht sagen lassen müssen, dass wir· nicht alle Spuren verfolgt hätten!«

Zu seiner eigenen Verblüffung fand Tobias sehr schnell die Verbindung, die der 17. Mai 1971 zwischen Marlies Kellermann und den beiden Geistlichen darstellte. »Am 17. Mai 1971 fand in Köln ein spektakulärer Gerichtsprozess statt«, berichtete er ein paar Stunden später seiner Kollegin. »Angeklagt war eine Gruppe von Pfadfindern, die ein Mädchen während eines Pfadfinderlagers in der Eifel vergewaltigt haben sollen. Aufgrund der entlastenden Zeugenaussagen von zwei Pfadfindern wurden die jungen Männer damals freigesprochen. Und jetzt rate mal, wer diese beiden Entlastungszeugen waren!«

»Mintard und Dreyer?« Sabine Jäger hatte sich aufgerichtet.

»Genau. Die beiden traten als Zeugen der Verteidigung auf. Sie behaupteten, dass Marlies nicht vergewaltigt worden sei, sondern alles freiwillig getan habe.«

»Versuch mal, rauszukriegen, was aus den Angeklagten geworden ist!« Sabine Jäger saß schon an ihrem Computer und loggte sich in das Polizei-System ein. »Ich kümmere mich um Marlies Kellermann.«

Die Antwort, die sie suchte, fand sie dann allerdings nicht im polizeilichen Datensystem, sondern in den Datenbeständen der Meldebehörde. Marlies Kellermann war die meiste Zeit ihres Lebens in Fröndenberg gemeldet gewesen, davor in Duisburg und davor in einem Heim für ledige Mütter der Caritas in Köln.

»Marlies Kellermann hatte ein Kind!« Sabine Jäger fuhr wie elektrisiert hoch, als die Daten über den Bildschirm flimmerten. »Eine Tochter. Tanja.«

»Ich hab auch was«, sagte Kleinert. »Es waren drei Pfadfinder, die wegen der Vergewaltigung angeklagt worden sind. Und alle drei sind in den letzten Monaten ums Leben gekommen. Ein Unfall, ein Feuer und einmal ein ziemlich mysteriöser Selbstmord – mit einem Schmerzmittel.«

»Tanja? Die hat uns richtig genervt mit ihrer ständigen Fragerei, wer denn ihre richtigen Eltern sind«, sagte am nächsten Morgen Anton Probst. Anton Probst und seine Frau Erika waren die Adoptiveltern von Tanja Kellermann. Sabine Jäger hatte nicht lange gebraucht, um die Adresse und die Telefonnummer der Probsts zu ermitteln, nachdem ihr ein Angestellter des Jugendamtes an Tanjas Geburtsort in großzügiger Auslegung der Datenschutzbestimmungen über Adoptionen den Namen verraten hatte. Anton Probst war jetzt Rentner, war im Ruderverein in der Seniorenstaffel und betreute die Internetseite des Vereins. Er seufzte. »Mit achtzehn ist Tanja ausgezogen. Zu Freunden, sagte sie. Aber es war klar, dass sie nur von uns wegwollte. Wir haben nie wieder etwas von ihr gehört.«

»Können Sie mir ein Foto von Tanja mailen?«, fragte Sabine Jäger. Jagdfieber hatte sie gepackt.

»Ich denke, das wird gehen«, erwiderte Anton Probst. »Hat sie etwas angestellt?«

»Das wissen wir noch nicht«, sagte Sabine. »Vielen Dank für Ihre Hilfe.«

Als Tobias Kleinert gegen zehn im Büro erschien, druckte Sabine Jäger gerade das Foto von Tanja Kellermann aus, die seit ihrer Adoption Probst hieß.

»Probst?« Kleinert legte die Stirn in Falten. »Da war doch was.« Er begann, in den Ermittlungsakten zu blättern. »Da war ganz bestimmt was!«

Auch Sabine Jäger war klar, dass da etwas war. Denn die Frau auf dem Foto, das Probst ihr gemailt hatte, ähnelte einer Kellnerin, die sie im Golfklub gesehen hatte.

Tanja Probst alias Tanja Kellermann öffnete den beiden Kommissaren so ruhig und gefasst die Tür, als ob sie die Beamten erwartet hätte. Auf dem Tisch im Wohnzimmer ihres Apartments in der Fröndenberger Straße lagen mehrere Dutzend der Trauerkarten wie die, die Sabine in der Stiftskirche gefunden hatte, ausgefüllt in jener strengen Schrift mit den ausgeprägten Unterlängen.

»Sie haben als Aushilfsbedienung beim Leichenessen im Golfklub gearbeitet«, sagte Sabine Jäger. Die Ermittlungen der letzten Stunden hatten ein Mosaiksteinchen zum anderen kommen lassen. Die Aussage einer Tanja Probst unter den Protokollen vom Tatort. Die Aussage des Chefs der Catering-Firma, bei der sie gearbeitet hatte, dass sie unbedingt bei der Feier hatte arbeiten wollen und deshalb sogar ihren Dienst mit einer Kollegin getauscht hatte. Und dass sie bei der Feier den Rotwein-Service übernommen hatte.

»Die beiden Pastoren haben mein Leben zerstört.« Die Stimme der jungen Frau klang ruhig. Überhaupt schien sie ganz in sich zu ruhen. Wie jemand, der etwas vollbracht hat, dachte Sabine Jäger. »Sie haben meine Mutter in dem Prozess als Lügnerin und Hure hingestellt. Deshalb wurde ich ihr weggenommen und zur Adoption freigegeben. Freigegeben! Von wegen. Ich habe mich immer nach Liebe und Geborgenheit gesehnt. Als ich meine Mutter dann nach jahrelangem Suchen endlich gefunden hatte, war es zu spät. Sie war todkrank, lag hier in der Klinik. Sie war so glücklich, dass ich sie endlich gefunden hatte, und erzählte mir die ganze furchtbare Geschichte. Von der Vergewaltigung. Von dem demütigenden Prozess. Und wie die beiden Pfarrer sie aus schlechtem Gewissen hier in Fröndenberg aufgenommen hatten. Sie als Brückenbauerin und Vorbild für ein ökumenisches

Miteinander in die Höhe gehoben haben. Statt sich zu ihren Lügen beim Prozess zu bekennen! Sie alle haben mir mein Leben geraubt, deshalb mussten sie alle sterben.«

»Wen meinen Sie mit alle?«, fragte Sabine Jäger.

»Die Vergewaltiger und die Lügner!«, erwiderte Tanja verbittert. »Zuerst die Vergewaltiger. Ihre Namen wusste ich von Mutter. Sie zu finden war nicht schwer.« Sie machte eine Pause. Ihr Blick ging ins Leere. »Dann starb Mutter. Und als ich erfuhr, dass die Lügner gemeinsam die Trauerfeier gestalten wollten, war mir klar, dass sie auch gemeinsam sterben sollten.«

»Doch kein Religionskrieg!«, sagte Tobias Kleinert gegen Abend. Es war ruhig in der Dienststelle. Das Faxgerät begann zu rattern. Tanjas Geständnis war protokolliert und unterzeichnet. Und die Pressemeldung über ihre Verhaftung noch rechtzeitig vor Redaktionsschluss der Zeitungen und Fernsehsender herausgegangen.

»Nur eine Familiengeschichte«, sagte Kleinert und holte das Fax. Sabine Jäger sagte nichts. Ihr ging das Gesicht der jungen Frau nicht aus dem Sinn. Ihre Ruhe, ihre Gelassenheit.

Es klopfte und Kardinal Agnello steckte seinen Kopf herein. Er strahlte, sanftmütig, gütig, gnädig. »Ich habe es eben in den Fernsehnachrichten gesehen!«, sagte er. »Sie haben den Fall klären können. Die beiden Gemeinden haben mich gebeten, Ihnen ihren Dank auszusprechen. Ihren herzlichen, tief empfundenen Dank.«

»Einen Moment noch, Hochwürden!«, sagte Tobias Kleinert, als der Kardinal sich zum Gehen wandte, und wedelte mit dem Fax. »Ich habe hier als Reaktion auf die Überprüfung der Personalien der Trauerfeiergäste eine Mitteilung von Interpol bekommen, dass man einen gewissen Rodrigo Sanchez di Parinia sucht, der durch die Weltgeschichte reist und sich als brasilianischer Kardinal Agnello ausgibt ... « Der Kardinal wurde blass. »Ein Missverständnis!«, murmelte er.

Tobias Kleinert lächelte. »Dann bleiben Sie doch noch ein bisschen, damit wir das Missverständnis aufklären können, Hochwürden. Oder Senhor di Parinia. Oder wer auch immer. Fangen wir am besten mit ein paar Fingerabdrücken an, ja?«

Winninger Hexenkult

„Achtung, Achtung, liebe Mitbürger und Mitbürgerinnen, hier spricht der Winninger Orts-Rundfunk. Ich muss Ihnen die traurige Mitteilung machen, dass Jasmin Meier seit zwei Tagen spurlos verschwunden ist. Wir bitten Sie dringend, helfen Sie uns, Jasmin zu finden. Jeder, der etwas über ihren Aufenthaltsort weiß, möge sich bitte an das Bürgermeisteramt oder an die Polizei in Brodenbach wenden. Ende der Durchsage. Wir wünschen Ihnen einen guten Tag."

„Schrecklich", meinte Klara, „gestern Morgen war ich mit Jasmin noch zusammen in der Stadt Kostüme für Halloween kaufen. Wir haben uns für die Halloween-Party am Hexen-Gedenkstein verabredet."

„Was lief auf dieser Party ab?", fragte Frau Schulz.

„Ein Hexenritual."

„Was soll ich mir darunter vorstellen?"

„Wir spürten unsere magischen Kräfte als Hexen."

„Was, bitte schön, heißt das, Klara. Kannst du mir das mal erklären?!", horchte ihre Mutter entsetzt auf.

„Das geht dich nichts an, Mama. Das ist streng geheim!" „Wie bitte", ereiferte sich Frau Schulz. „Du willst mir allen Ernstes weismachen, ihr zelebriert obskure Hexen-Rituale, über die du nicht reden darfst."

„Wir haben uns geschworen, unser Wissen nur an Eingeweihte weiterzugeben", erwiderte Klara trotzig.

„Jetzt reicht es", erregte sich ihre Mutter immer mehr. „Du hast doch gehört, deine Freundin Jasmin ist verschwunden. Dazu kannst du doch nicht einfach schweigen. Klara, bist du von allen guten Geistern verlassen?", beschwor sie ihre Mutter. „Lass den Quatsch. Rück endlich mit der Wahrheit raus. Was ist am Sonntag passiert?"

„Von mir erfährst du nichts", giftete Klara zurück, drehte sich auf dem Absatz um, rannte in ihr Zimmer und schlug die Tür hinter sich zu.

Magret Schulz saß wie vom Donner gerührt im Esszimmer. So etwas hatte sie mit ihrer Tochter noch nie erlebt. Als ob ein böser Geist in ihr Kind gefahren wäre, so kam es ihr vor. Sie konnte sich auf dieses unverschämte Verhalten keinen Reim machen. Ratlos und verzweifelt griff sie zum Telefon und rief ihren guten Freund Frank Hoffbauer an und schilderte ihm die Unterredung mit ihrer Tochter. Frank leitete seit 12 Jahren das Touristik-Büro der Gemeinde und kannte die Gegend so gut wie sonst niemand.

Als Magret ihre Befürchtung äußerte, dass Jasmin auf dem Hexen-Hügel zu finden wäre, reagierte Frank spontan. „Magret, lass uns dort rauffahren, um der Sache auf den Grund zu gehen, ich hole dich in einer halben Stunde ab."

Frank Hoffbauer legte den Hörer auf und ging zum Fenster. Draußen strahlte die goldene Herbstsonne und tauchte die Landschaft in ein warmes Licht. Frank Hoffbauer liebte diesen idyllischen Mosel-Ort. Sein Job als Leiter des Touristik-Büros war es, positive Nachrichten über Winningen zu erzeugen. Negative Schlagzeilen konnte er überhaupt nicht gebrauchen. Zügig fuhr er kurze Zeit später mit Magret die steile Straße zum Hexen-Hügel hinauf und führte zielstrebig seine Begleiterin zum Hexen-Gedenkstein, die noch nie hier gewesen war. Etwas schaudernd trat sie an den Stein heran und begann laut die Inschrift zu lesen: „In der dunkelsten Zeit des Aberglaubens in den Jahren 1641-1651 fanden hier den Feuertod…" Als sie anfing, die Namen laut vorzulesen, stockte ihr der Atem. Entsetzt drehte sie sich um und starrte Frank an. „Das sind unsere Vorfahren, Frank. Wir haben unsere eigenen Leute verbrannt. Wie konnte das geschehen?“

„Das ist eines der bittersten Kapitel unserer Stadtgeschichte“, erwiderte Frank. „Als evangelisches Dorf weigerten sich unsere Leute zunächst, Hexen-Prozesse abzuhalten. Doch dann verbreitete sich das Gerücht, Winningen wäre eine Zufluchtsstätte für Hexen und Zauberer. Um nicht als Hexen-Dorf gebrandmarkt oder sogar ausgelöscht zu werden, baten unsere Vorfahren darum, auch Hexen-Prozesse durchführen zu dürfen. Über zwanzig Männer und Frauen fielen dem Wahnsinn zum Opfer. Wir wissen aus Protokollen, oft wurden Leute nur deshalb angeklagt, weil jemand den Hof desjenigen haben wollte.“

„Das ist doch schrecklich, Frank“, Magret schlug entsetzt die Hände vors Gesicht. „Wir leben in einem Ort voller Hexen Verfolger!“ „Nun mach mal halblang, Magret“, beruhigte sie Frank. „Diese Geschichte ist über dreihundert Jahre her. Immerhin waren wir in Winningen eine der ersten Gemeinden in Deutschland, die 1925 einen Gedenkstein für die Opfer der Hexenverfolgung aufstellten. Damit setzten wir schon sehr früh ein Zeichen, uns dieser unrühmlichen Vergangenheit zu stellen.“

„Und heute schlagt ihr aus dieser üblen Sache touristisches Kapital, indem ihr die Wein-Hex vermarktet. Das halte ich für unmoralisch!“, empörte sich Magret.

„So ganz stimmt das nicht“, entgegnete Frank. „Die Wein-Hex hat nichts mit den Hexenverfolgungen zu tun. Sie wurde für das Winzerfest erst in den dreißiger Jahren des letzten Jahrhunderts erfunden. Jedes Jahr fand auf dem Rathausplatz ein Festspiel statt, in dem die Wein-Hex als zänkisches Weib dargestellt wurde. Nach dem Krieg entwickelte sie sich zur schönen und liebenswürdigen Werbeträgerin. Diese Strategie haben wir bis heute beibehalten. Eine Weinkönigin haben alle Winzer-Orte, aber eine

Wein-Hex nur wir Winninger. Sie ist eine echte touristische Attraktion. Aber jetzt sollten wir uns jetzt auf die Suche nach Jasmin begeben."

Mit forschen Schritten streiften sie durch das Unterholz. Überall entdeckten sie kleine Feuerstellen und eine Menge Bierflaschen. Scheinbar war dieses Waldstück ein beliebter wilder Grillplatz. Magret war froh, nicht alleine diese Gegend durchforsten zu müssen. Dunkle Ahnungen machten sie ganz unruhig. Ein grausames Geheimnis verbarg dieser Ort, das spürte sie. Als sie über einen am Boden liegenden Baumstamm stiegen, fiel ihr entsetzter Blick auf ein zerrissenes T-Shirt, das im Gestrüpp hing. Frank zog das Kleidungsstück heraus. Es war blutverschmiert. Vorsichtig schoben sie die Äste zur Seite. Schockiert sahen sie das Bild, das sich ihnen bot. Auf dem Boden vor ihnen lag der leblose Körper eines Mädchens. Ihre Arme und Beine waren an Holzpflöcke gefesselt, die man in den Boden gerammt hatte.

„Frank", schrie Magret entsetzt, „das ist Jasmin. Wir müssen sofort die Polizei in Brodenbach anrufen."

Frank griff zum Handy. Mit knappen und präzisen Worten schilderte Frank die Situation. „Fühl ihre Halsschlagader", forderte ihn Hauptwachtmeister Müller auf. Vorsichtig beugte sich Frank über das leblose Mädchen und legte seine Hand an ihre Halsschlagader. Er spürte keinen Puls. „Jens, das Mädchen ist tot. Darüber besteht kein Zweifel. Ihr müsst kommen."

„Ich werde gleich die Kripo in Koblenz und das Gerichtsmedizinische Institut in Mainz informieren. Wir sind in einer guten halben Stunde da. Bitte bleibt, wo ihr seid. Und Frank, verändert nichts!"

„Wir erwarten Euch am Parkplatz", erwiderte Frank. Die halbe Stunde Wartezeit kam ihnen wie eine Ewigkeit vor. Fast zeitgleich trafen die Polizisten und die Kripo-Beamten am Hexenhügel ein. Frank Hoffbauer schilderte kurz die Sachlage.

Kommissar Sven Harmsen aus Koblenz und seine Kollegen aus Brodenbach hörten aufmerksam zu.

„Sollen wir Sie zum Tatort führen?“, fragte Frank Hoffbauer zum Schluss.

„Lassen Sie uns noch auf den Gerichtsmediziner und das Spurensicherungsteam warten“, erwiderte Sven Harmsen. „Wie kamen sie darauf, dass sich Jasmin hier oben befindet?“

„Meine Tochter erzählte mir, dass die Mädchen eine Halloween-Party hier gefeiert haben“, sagte Magret.

„Wissen Sie etwas Genaues darüber?“

„Leider nicht, Herr Kommissar. Meine Tochter machte nur sehr merkwürdige Andeutungen.“

„Wir werden sie befragen müssen“, stellte Harmsen nüchtern fest. „Wo hält sich ihre Tochter zurzeit auf?“

„Sie ist bei uns zu Hause.“

„Gut, wir fahren, nachdem wir den Tatort in Augenschein genommen haben, zu Ihnen.“

Nachdem die Spurensicherung eingetroffen war, gingen sie gemeinsam zum Tatort. Dr. Klaus Meves, der Gerichtsmediziner, untersuchte das tote Mädchen. „Kannst du eine Aussage zur Todesursache machen?“, wollte Kommissar Harmsen wissen.

„Sieht wie ein Ritual-Mord aus“, erwiderte Dr. Meves. „Die Würgemale am Hals deuten darauf hin, dass das Mädchen erdrosselt wurde. Möglicherweise wurde sie auch vergewaltigt. Aber das kann ich erst nach eingehender Untersuchung mit Sicherheit sagen. Und dass hier etwas Obskures abgegangen ist, ist daran zu erkennen, dass um Jasmin ein Hexenkreis aus schwarzen Kerzen gezogen wurde und man ihr ein Pentagramm auf den Oberschenkel eingebrannt hat.“

„Danke, Klaus. Könnt ihr hier die Stellung halten?“, wandte er sich an die Kollegen aus Brodenbach. „Ich fahre mit Frau Schulz zu ihrer Tochter.“

Zu ihrem großen Entsetzen stand Klaras Zimmertür sperrangelweit auf, aber sie war nicht da. „Wo könnte sie sein?“, fragte Kommissar Harmsen.

„Keine Ahnung“, Magret zuckte mit den Achseln. „Ich habe schon mehrmals versucht, sie auf ihrem Handy anzurufen. Aber da läuft nur die Mailbox.“

„Darf ich mich ein bisschen umsehen?“ Magret nickte stumm. „Hat Ihre Tochter einen Platz, an dem sie etwas für sie sehr Wichtiges oder sehr Persönliches wie ein Tagebuch aufbewahren würde?“

„Da fällt mir nur die unterste Schublade ihres Kleiderschrankes ein“, erwiderte Magret.

„Wie kommen Sie darauf?“, fragte Kommissar Harmsen.

„Das ist mir mal zufällig aufgefallen, als ich in Klaras Schrank frisch gewaschene Wäsche legen wollte. Da sah ich, dass Klara ein Vorhängeschloss an diese Schublade gemacht hat.“

„Wissen Sie, wo der Schlüssel für das Schloss ist?“
Magret schüttelte den Kopf.

„Dann müssen wir es aufbrechen.“

Zitternd holte Magret dem Kommissar einen Schraubenzieher aus dem Keller. Mit geübten Handgriffen knackte er das Schloss und zog die Schublade auf. Zum Vorschein kamen Amulette mit diversen Symbolen, Hexenmasken, eine Karte von Winningen und ein kleines Notizbuch.

„Ich muss das sicherstellen“, meinte Harmsen. „Wahrscheinlich finden wir so den Schlüssel zur Aufklärung des Mordes.“

Magret Schulz stand wie versteinert da. Sie zitterte am ganzen Körper. „Was bedeutet das?“, stammelte sie.

„Ich weiß es nicht“, erwiderte Kommissar Harmsen, „aber ich fürchte, Ihre Tochter schwebt in großer Gefahr. Ich nehme die Unterlagen mit ins Präsidium. Sie sollten nicht alleine bleiben. Kann ich jemanden für Sie anrufen?“

„Meinen Mann“, flüsterte Frau Schulz.

Martin Schulz fuhr mit rasender Geschwindigkeit durch Winningen, sprang aus dem Auto und rannte ins Haus. Seine Frau saß in sich zusammengesunken im Sessel des Wohnzimmers. Neben ihr wartete Kommissar Harmsen. Ohne ein Wort des Grußes stürmte er auf seine Frau zu und kniete neben ihr nieder. „Magret, Magret, es tut mir so leid. Ich hätte die Geschichte ernstnehmen sollen. Was ist mit Klara?“

„Wir wissen es nicht“, antwortete Kommissar Harmsen.

„Wo ist unser Kind?“, brüllte Martin Schulz.

„In den Händen dieser Barbaren“, flüsterte Magret.

„Was soll das heißen?“ Martin war vollkommen außer sich.

„Dass Ihre Tochter in akuter Gefahr schwebt“, bemerkte Sven Harmsen.

„Und was tun Sie dagegen?!“

„Wir versuchen, dieser Bande auf die Spur zu kommen“, antwortete Sven Harmsen ruhig. „Bitte bleiben Sie bei Ihrer Frau. Ich werde das Material aus ihrer Schublade sichten. Hoffentlich finden wir darin Hinweise darauf, wo sie jetzt sein könnte.“

„Machen Sie das, Herr Kommissar. Hauptsache, Sie bringen unsere Tochter unversehrt zurück.“

„Ich werde mein Bestes tun, Herr Schulz. Ich halte Sie über den Fortgang der Ermittlungen auf dem Laufenden.“

Kommissar Harmsen verabschiedete sich und fuhr zügig nach Koblenz ins Präsidium. Dort präsentierte er seinen Kollegen den Inhalt der Schublade. Besonders interessant war Klaras Notizbuch. Darin schilderte sie die Entwicklung ihres Hexen-Zirkels. ‚Ihr Meister‘, wie sie ihn nannte, hätte ihnen die Augen über ihre wahren Fähigkeiten geöffnet. Kommissar Harmsen rief seine Kollegin Birgit Moser an. Ihr Spezialgebiet waren Verbrechen mit okkultem Hintergrund. „Ich komme sofort rüber, Sven. Habt ihr bereits Opfer?“

„Ein Mädchen, ziemlich übel zugerichtet."

„Hast du Fotos da?"

Als Birgit das Büro betrat, druckte Sven gerade die Fotos der toten Jasmin aus. Birgit nahm sie zur Hand und betrachtete sie eingehend. „Was sagst du dazu?", fragte Sven.

„Das ist eindeutig eine Ritual-Mord-Kiste. Zeig mir mal die Dinge, die du bei dem vermissten Mädchen gefunden hast."

Sven breitete alles auf dem Tisch aus. Birgit nahm das Notizbuch und blätterte es durch. Auf einer Seite fand sie ein regelrechtes Hexen-Symbol-ABC. Sieben Begriffe von Erdverbundenheit bis Weisheit waren spezielle Zeichen zugeordnet. Darüber stand das Pentagramm mit der Inschrift ‚Unser Meister'. Birgits Blick fiel auf die Karte von Winningen. „Schau dir das an, Sven. Die feiern ihre Rituale rund um Winningen herum." Sie zeigte auf die diversen Ausflugsziele wie die Domgartenhütte oder den Pfarrheckskopf. Überall war ein Symbol eingezeichnet. Am Flugplatz und am Weinhof mit dem Weinhexbrunnen stand das Pentagramm. „Kannst du damit etwas anfangen, Birgit?"

„Allerdings", nickte Birgit. „Wir haben es hier mit einem Typen zu tun, der schon lange beobachtet wird. Er heißt Markus Minter, lebt auf Lanzarote und betreibt Esoterik-Buchhandlungen in ganz Europa. Bisher konnte ihm noch nie nachgewiesen werden, dass er der Kopf einer kriminellen Sekte ist, die Mädchen in obskure Hexen-Kulte treibt. Winningen ist ideal für ihn. Zum einen gibt es die Weinhex-Tradition und zum anderen kann er zu Wasser, auf der Straße und per Luft an- und abreisen. Überprüf bitte die Flugbewegungen und ob in letzter Zeit ein Esoterik-Laden eröffnet wurde."

„Ich mache mir große Sorgen um Klaras Schulz. Hast du eine Idee, wo sie sein könnte?"

„Lass uns auf die Karte schauen. Jasmin wurde am Hexen-Gedenkstein gefunden. Das Zeichen dazu sind drei kleine Wellen, die übereinander liegen. Dies haben sie ihr auf den Oberschenkel tätowiert. Das Pentagramm wurde eingebrannt."

„Was bedeutet das?", wollte Sven wissen.

„Das ist eindeutig eine Strafaktion für Verräter. Der Meister hat sie mit seinem Zeichen gebrandmarkt. Wahrscheinlich wollte Jasmin die Bande auffliegen lassen." „Und um das zu verhindern, wurde sie abgeschlachtet." „Davon müssen wir ausgehen. Wir sollten die anderen sechs Plätze in Augenschein nehmen. Ich vermute, beim nächsten Ritual wird Klara das Opfer sein. In ihrem Tagebuch steht ein Hinweis auf ein großes Vereinigungsfest vom Meister mit seiner auserwählten Hexenbraut. In der Regel endet das damit, dass der Hexenmeister seine Braut nach dem Vereinigungsakt opfert, indem er sie ausbluten lässt. So wie Klara von ihrem Meister geschwärmt hat, gehe ich davon aus, dass sie die auserwählte Hexenbraut ist."

„Das heißt, Klara schwebt in akuter Lebensgefahr und wir dürfen keine Zeit verlieren.;" fasste Sven kurz und knapp zusammen.

„Da hast du vollkommen recht", erwiderte Birgit.

„Mit dem Auto schaffen wir das zeitlich nicht", stellte Sven Harmsen nüchtern fest. „Ich bitte die Hubschrauberstaffel, die in Winningen stationiert ist, uns abzuholen."

Fünfzehn Minuten später saßen sie mit einem SEK-Team im Hubschrauber, der sie nach Winningen flog. Mittlerweile wussten sie, dass die Firma Esotera in Winningen vor sechs Monaten direkt am Platz neben dem Weinhexbrunnen eine Buchhandlung eröffnet hatte. Außerdem meldete der Flughafen, dass Markus Minter seit dieser Zeit häufig von Lanzarote nach Winningen und zurückgeflogen war. „Schau an", meinte der Kommissar. „Der Kerl hat einen Hangar gemietet und befindet sich zurzeit in Winningen." „Dann ist wirklich Gefahr im Verzug", sagte Birgit.

„Minter hat Klara vorgegaukelt, dass er sie heute beim Vereinigungsfest zu seiner wahren Hexenbraut machen will. Deshalb ist sie ihm blindlings gefolgt, ohne zu ahnen, dass sie heute geopfert werden soll. Fliegt schneller, Jungs. Es geht um Leben und Tod!“

Mittlerweile war es dunkel geworden. Der Pilot schaltete den Nachtsichtscheinwerfer ein. Sie überflogen die Orte wie den Carola-Turm und den Berggolfplatz, aber entdeckten nichts Ungewöhnliches. Dann steuerte der Pilot den Aussichtspunkt Blumslay an, der mitten in den Weinbergen direkt neben der Moseltalbrücke lag. Im Licht des Scheinwerfers sahen sie, wie dort ein Hexen-Ritual zelebriert wurde. Ungefähr 15 junge Frauen und Männer in roten Umhängen mit Kapuzen standen mit Fackeln in den Händen im Kreis. In der Mitte stand ein Pentagramm-Altar, der von schwarzen brennenden Kerzen umkränzt war. Klara lag nackt und mit roter Farbe bemalt auf diesem Altar. Ihre Arme und Beine waren an Pfosten gebunden. Neben dem Altar stand Minter als Hexenmeister mit einem prächtigen rot-goldenem Gewand. Dann begann Minter zu rhythmischen Trommelschlägen zu tanzen und seine Leute folgten ihm mit wiegenden Bewegungen.

Birgit schaute auf die Karte. Ein Dreieck markierte diesen Ort. „Hier wird wirklich ein Vereinigungsritual gefeiert, das mit der Opferung der Hexenbraut endet“, stellte sie erschrocken fest. „Ihr müsst die Kleine da rausholen!“

„Das werden wir auch tun“, erwiderte der Pilot. Geschickt manövrierte er den Hubschrauber an den Hang heran. Blitzschnell seilte sich die Spezialeinheit ab und überwältigte die völlig überraschten Leute. Alle ergaben sich widerstandslos. Sie befreiten Klara von ihren Fesseln und umhüllten sie mit einer Decke. Als sie die Masken von den Köpfen nahmen, sahen sie in die entsetzten Gesichter junger Mädchen.

„Wo ist euer Anführer?", wollte Björn Meis, der Einsatzleiter, wissen. Alle schauten sich ratlos an und zuckten mit den Schultern. Im gleichen Moment hörten sie, wie auf der Straße ein Auto mit quietschenden Reifen davonraste.

„Haltet das Schwein auf!", befahl Björn Meis seinen Kollegen von der Hubschrauberstaffel per Funk. „Der Typ versucht mit seiner Maschine zu fliehen."

Markus Minter lenkte seinen Düsen-Jet auf die Startbahn und begann zu beschleunigen. Doch er kam nicht weit. Mitten auf der Bahn stand ein Hubschrauber. „Geben Sie auf", hörte er vom Tower über Funk. „Das Spiel ist aus!"

Stumme Zeugen

„Das ist nicht Ihr Ernst, Herr Kommissar, mein Schwiegervater soll umgebracht worden sein?“, fragte Marion Bronner entsetzt. „Davon müssen wir leider ausgehen“, erwiderte Martin Klausner. „Ihr Schwiegervater wurde mit Gewalt auf den Balkon gezerrt und dann heruntergestoßen. Haben Sie eine Vermutung, wer hinter dieser Tat stecken könnte? Hatte Ihr Schwiegervater Probleme mit anderen Bewohnern?“

„Darüber ist mir nichts bekannt“, entgegnete Marion Bronner. „Allerdings plagten ihn schreckliche Albträume, nachdem vor zwei Jahren mein Mann und seine Schwester bei einem Autounfall tödlich verunglückt waren.“

„Wissen Sie, was dahinterstecken könnte?“, fragte Martin Klausner.

„Vermutlich hängt das mit einem Erlebnis aus dem Jahr 1939 zusammen.“

„Wie kommen Sie darauf?“, hakte Martin Klausner nach.

„Karl war damals 19 Jahre alt und lebte im Hochsauerland in dem idyllischen Ort Wormbach. Vor einigen Jahren waren wir mit ihm dort. Draußen vor der Kirche zeigte er uns die uralten Linden. Tief bewegt erzählte er uns, wie Pfarrer Rüsing im August 1939 alle Einberufenen in der Kirche versammelte und ihnen erklärte, wenn einer im Feld fallen sollte, dürften seine Angehörigen ein Kreuz mit seinem Namen an den jeweiligen Familienbaum hängen. Karl packte meinen Mann und mich am Arm und zerrte uns zu einem Baum. Entsetzt starrten wir auf ein Holzkreuz, das den Namen Karl Bronner trug mit dem Geburtsdatum 25.4.1920 und dem Sterbedatum 3.8.1939.

‚Karl', schrie ich damals schockiert auf, ‚wessen Kreuz ist das?' ‚Meins', erwiderte er absolut ruhig und gelassen. ‚Aber Vater', stammelte mein Mann, ‚du lebst doch, du bist nicht tot.' ‚Ja, ich lebe', antwortete Karl vollkommen in sich ruhend, ‚aber meine Seele ist tot seit jenem dritten August 1939. Dieses Kreuz ist mein persönliches Sühnopfer für eine gewaltige Schuld, die ich auf mich geladen habe. Wenn ich eines Tages vor meinem Schöpfer stehe, dann könnt ihr alles in meiner Soldaten-Bibel nachlesen.' Marion Bronner richtete sich auf und atmete tief durch.

„Haben Sie die Bibel in seinem Nachlass entdeckt?", fragte Martin Klausner.

„Leider nicht."

„Können wir morgen eine Hausdurchsuchung vornehmen?"

„Selbstverständlich, Herr Kommissar." Eilig verließ Martin Klausner das Altenheim und rief seine Kollegin Britta Mohrbach an. Er bat sie, das fragliche Datum vom August 1939 in den Computer einzugeben. Sie fand eine Vermisstenanzeige, die das Ehepaar Korn aus Wormbach am 4.8.1939 aufgegeben hatte. Darin gaben sie zu Protokoll, dass ihre Kinder Rebekka, 15 Jahre alt und Samuel, 17 Jahre alt, in der Nacht vom dritten auf den vierten August nicht nach Hause gekommen waren.

Bedauerlicherweise wurde bei der Hausdurchsuchung die Bibel von Karl Bronner nicht gefunden. „Wem außer Ihrem verstorbenen Mann hätte Ihr Schwiegervater seine Bibel anvertraut?", wollte Kommissar Klausner wissen.

„Eigentlich niemandem, wenn ich ehrlich bin, Herr Kommissar." „Das heißt, Ihr verstorbener Mann hat die Bibel seines Vaters", sagte Britta Mohrbach

„Was sagen Sie da?", schrie Marion Bronner entsetzt auf. „Karls Bibel soll am Grab meines Mannes sein. Das ist doch absurd!"

„So abwegig finde ich den Gedanken gar nicht“, wendete Martin Klausner ein. „Ihr Schwiegervater hatte ein inniges Verhältnis zu seinem Sohn.“

„Ich glaube, sie haben sogar recht, Herr Kommissar. Mein Schwiegervater bat mich vor einiger Zeit darum, ihm eine luftdichte Kunststoffdose zu besorgen. Ein paar Tage später musste ich ihn zum Friedhof fahren, auf dem mein Mann liegt.“

Martin Klausner lächelte: „Endlich haben wir eine konkrete Spur.“ Eine gute halbe Stunde später standen sie am Grab von Peter Bronner. Martin Klausner grub behutsam in der Erde.

Nach wenigen Minuten zog er eine Dose heraus. „Ist das die Plastikdose, die Sie für Ihren Schwiegervater besorgt haben?“ Marion Bronner nickte. Martin Klausner öffnete vorsichtig die Dose. Darin lag eine abgewetzte Wehrmachts-Bibel. Martin Klausner schlug die Bibel auf und las die Widmung: ‚Für den Stabsunteroffizier Karl Bronner als Wegbegleiter, Fritz Uhmar Militärpfarrer, Göttingen 1939.‘ Beim Durchblättern der Bibel sah er, wie intensiv Karl Bronner damit gelebt hatte. Fast überall standen Bemerkungen zu einzelnen Versen oder zu Ereignissen seines Lebens.

„Was hatte Karl Bronner seinen Kindern auf dem Friedhof von Wormbach gesagt“, murmelte Martin Klausner. „Ja, ich lebe, aber meine Seele ist tot seit jenem dritten August 1939.“ In die Suchmaschine seines Laptops tippte er ‚Bibel und tote Seele‘ ein. Auf dem Bildschirm erschienen einige Bibelstellen. Als er die erste aus dem vierten Buch Mose aufschlug, landete er gleich einen Volltreffer! 3. August 1939 stand oben auf der Seite: „Das Grauen nahm seinen Lauf!“ Der Vers zehn war mehrfach unterstrichen: „Meine Seele möge sterben den Tod der Gerechten und mein Ende werde wie ihr Ende!“

Karl Bronner schilderte sehr eindrücklich, was damals passierte: „Franz, Kurt, Willi und ich gingen an diesem letzten Abend, bevor wir in den Krieg ziehen mussten, noch einmal auf den Friedhof. Wir wollten unter den Linden, die unsere Grabsteine werden könnten, den Abschied von unserem Zivilisten-Dasein begehen. Jeder hatte von Hause eine Flasche selbst gebrannten Schnaps mitgebracht. Voller Stolz ließen wir die Flaschen kreisen und prosteten uns johlend zu. Je mehr wir tranken, desto ausgelassener und übermütiger wurden wir. Plötzlich befiel Willi eine große Melancholie. Schlagartig wurde ihm bewusst, dass er noch nie mit einem Mädchen geschlafen hatte. Auch wir dachten, jetzt ziehen wir in den Krieg und verlieren dort vielleicht unser Leben, obwohl wir noch gar keine richtigen Männer sind. In diesem Augenblick überquerte Rebekka mit ihren langen wehenden Haaren und ihrem wippenden Gang den Friedhof.

Wir starrten sie an, als ob sie ein Geist wäre. Wir wussten, Rebekka ist erst fünfzehn. Aber das war uns in diesem Augenblick egal. Wir wollten sie! Nichts anderes zählte mehr. Völlig enthemmt vom Alkohol stürzten wir uns gierig auf Rebekka. Voller Angst und Entsetzen schrie sie laut auf. Sie versuchte zu fliehen. Doch wir kannten kein Erbarmen!

Wie von Sinnen packten wir sie, steckten ihr einen Knebel in den Mund und warfen sie zu Boden. Sie wehrte sich mit aller Kraft! Das machte uns nur noch wilder! Wir rissen ihr die Kleider vom Leib und begrabschten schamlos ihren nackten Körper. Dann drangen wir nacheinander in sie ein. Wie oft wir es getan haben, weiß ich nicht mehr. Aber wir ließen nicht von ihr ab. Wie im Rausch vergewaltigten wir sie wieder und wieder. Unsere Wollust schien unersättlich zu sein.

Plötzlich rief jemand laut Rebekkas Namen. Ehe wir begriffen, was los ist, stürzte sich Samuel, Rebekkas Bruder, auf uns. ‚Ihr Schweine, ihr gottverdammten Schweine!', schrie er und prügelte auf uns ein. Jetzt packte uns die Panik. Wir überwältigten Samuel und würgten ihn so lange bis er tot war. Dann erdrosselten wir Rebekka. Wie betäubt huben wir ein Grab aus und warfen

Rebekka und Samuel hinein. Hastig schaufelten wir es wieder zu und trampelten die Erde fest. Feierlich schworen wir uns, nie wieder über dieses Ereignis zu reden."

„Wir wollten einfach so tun, als ob dies nie geschehen sei", schrieb Karl an den Rand. „Aber die böse Tat holte mich ein", kritzelte er weiter. „Gott können wir nicht betrügen!"

Tief erschüttert legte Martin Klausner die Bibel aus der Hand. In diesem Moment betrat Britta Mohrbach das Büro. „Hast du das Geheimnis von Wormbach lüften können, Martin?"

„Leider Gottes hatte ich das zweifelhafte Vergnügen", sagte Martin zynisch. „Diese Sauhunde haben Rebekka erst vergewaltigt und danach sie sie und ihren Bruder Samuel umgebracht, nachdem er sie auf dem Friedhof überraschte."

„Kennst du die Namen der anderen Dreckskerle?"

„In Karls Aufzeichnungen stehen leider nur die Vornamen. Weißt du noch, was Karl in seinen Alpträumen nach dem Tod seiner Kinder nachts gerufen hat?"

„Die Rache ist mein, spricht der Herr", antwortete Britta wie aus der Pistole geschossen.

„Das ist es", jubelte Martin. „Gib diesen Text bitte in den Computer ein." Nach kurzer Zeit erschien auf dem Bildschirm die Bibelstelle aus dem Alten Testament. Martin schlug im fünften Buch Mose das 32. Kapitel auf und las laut den 35. Vers: „Die Rache ist mein, ich will sie vergelten" und den Kommentar, den Karl geschrieben hatte: „Der Herr hat uns vier Franz Meiers, Kurt Kniesel, Willi Friese und mich Karl Bronner hier im Haus Abendfrieden zusammengeführt, damit wir uns zu unserer gewaltigen Schuld bekennen sollen. An mir hat Gott seine Rache durch den Tod meiner Kinder schon ausgeübt. Wenn wir nicht unser grausames Verbrechen von damals gestehen, wird Gottes Rache auch die anderen treffen. Ich habe verzweifelt versucht, ihnen das zu erklären, aber sie haben mich nur ausgelacht und gemeint, ich soll endlich diese alte Geschichte ruhen lassen."

„Da hast du das Mordmotiv, Martin."

„Diese Saukerle haben ihren Mittäter Karl aus dem Weg geschafft, damit er sie nicht auffliegen lässt. Die Frage ist, wie können wir sie überführen?"

„Indem wir sie mit dem Tatort ihres Verbrechens konfrontieren!", triumphierte Martin. Unter dem Vorwand, noch einmal den für sie so bedeutsamen Friedhof von Wormbach in Augenschein zu nehmen, fuhr Kommissar Klausner mit ihnen dorthin. Als sie bei den Linden ankamen, starrten die drei alten Männer entsetzt in ein offenes Grab, das sich vor ihnen auftat.

Franz Meiers fand als erster seine Fassung wieder. „Was soll das hier, Herr Kommissar? Wollen Sie uns mit diesem Gruselszenarium schocken?"

„Heute holt Sie Ihre Vergangenheit gnadenlos ein", bemerkte Britta Mohrbach bissig. In diesem Moment traten hinter den Linden zwei junge Leute hervor, die Rebekka und Samuel zum Verwechseln ähnlich sahen. Das Mädchen hielt die Wehrmachtsbibel von Karl Bronner in ihren Händen. Dann begannen beide das Geständnis von Karl laut zu lesen. Anfangs versuchten die drei Herren noch ihre Fassung zu wahren. Aber je länger die Rezitation dauerte, desto mehr brach ihr Widerstand zusammen.

„Hört auf! Hört endlich auf!", schrie schließlich Kurt Kniesel voller Verzweiflung. „Das grausame Versteckspiel, das wir seit über fünfzig Jahren betreiben, ist Gott sei Dank jetzt vorbei. Hier unter den Linden, die damals Zeugen unseres Verbrechens waren, gestehe ich, wir haben Rebekka Korn am dritten August 1939 brutal vergewaltigt und danach sie und ihren Bruder Samuel, der uns ertappte, kaltblütig umgebracht, um unsere Untat zu vertuschen. Dann haben wir unseren alten Freund Karl Bronner gemeinschaftlich vom Balkon gestoßen, weil er uns dazu zwingen wollte, uns endlich zu dem grausamen Verbrechen zu bekennen."

„Führen Sie die Herren ab", bat Martin Klausner seine Kollegen. Voller Genugtuung griff er zum Handy und teilte Marion Bronner mit, dass die stummen Zeugen von Wormbach ihr grausames Geheimnis preisgegeben haben.

Zwischen allen Stühlen

Moses Flucht nach Midian
*11 Zu der Zeit, als Mose groß geworden war, ging er hinaus zu seinen Brüdern
und sah ihre Lasten und nahm wahr, dass ein Ägypter einen seiner hebräi-
schen Brüder schlug. 12 Da schaute er sich nach allen Seiten um und als er
sah, dass kein Mensch da war, erschlug er den Ägypter und verscharrte ihn
im Sande. 13 Am andern Tage ging er wieder hinaus und sah zwei hebräische
Männer miteinander streiten und sprach zu dem, der im Unrecht war: Warum schlägst du deinen Nächsten? 14 Er aber sprach: Wer hat dich zum Aufseher oder Richter über uns gesetzt? Willst du mich auch umbringen, wie du
den Ägypter umgebracht hast? Da fürchtete sich Mose und sprach: Es ist
also doch bekannt geworden! 15 Und es kam vor den Pharao; der trachtete
danach, Mose zu töten. Aber Mose floh vor dem Pharao und hielt sich auf
im Lande Midian. Und er setzte sich nieder bei einem Brunnen. 16 Der Priester in Midian aber hatte sieben Töchter; die kamen, Wasser zu schöpfen, und
füllten die Rinnen, um die Schafe ihres Vaters zu tränken. 17 Da kamen
Hirten und vertrieben sie. Mose aber stand auf und half ihnen und tränkte
ihre Schafe. 18 Und als sie zu ihrem Vater Reguël kamen, sprach er: Warum
seid ihr heute so bald gekommen? 19 Sie sprachen: Ein ägyptischer Mann ret-
tete uns aus der Hand der Hirten und schöpfte für uns und tränkte die
Schafe. 20 Er sprach zu seinen Töchtern: Wo ist er? Warum habt ihr den
Mann draußen gelassen? Ladet ihn doch ein, mit uns zu essen. 21 Und Mose
willigte ein, bei dem Mann zu bleiben. Und der gab Mose seine Tochter Zip-
pora zur Frau. 22 Die gebar einen Sohn, und er nannte ihn Gerschom; denn,
sprach er, ich bin ein Fremdling geworden im fremden Lande.*

(Lutherbibel 2017)

Kemal Weiershoff sitzt im Besucherzimmer des Untersuchungsgefängnisses. Erschüttert liest er die Schlagzeilen der Tageszeitung, die sein Bruder mitgebracht hat. „Top-Polizist wegen Totschlag angeklagt! Staranwalt verteidigt eigenen Bruder!"

«Ich bin tatsächlich zum Mörder geworden, Florian!» Kopfschüttelnd starrt Kemal auf den Zeitungsartikel. Er kann nicht fassen, dass er die Grenze überschritten hat, die niemand überschreiten darf.

Florian versucht seinen Bruder aus der tiefen Verzweiflung herauszuholen. «Kemal, du darfst dich jetzt nicht in Selbstvorwürfen zerfleischen. Es ist noch gar nicht bewiesen, dass du deinen Kollegen vorsätzlich getötet hast. Die Indizien sprechen alle gegen dich, das stimmt. Aber der genaue Tathergang steht überhaupt noch nicht fest. Ich jedenfalls bin von deiner Unschuld fest überzeugt und werde alles dafür tun, sie zu beweisen.»

«Die Journalisten haben ihr Urteil bereits gefällt», wirft Kemal resigniert ein. «Nach dem Motto ‚Gerechtigkeitsfanatiker der Polizei bringt sich durch Jähzorn selbst zu Fall'. Florian, ich schäme mich! Alles, wofür ich gekämpft habe, ist zerstört. Und mir sind total die Hände gebunden! Einige Wachleute hier behandeln mich wie den letzten Dreck. Und für die Gefangenen bin ich ein rotes Tuch. Ein Bulle im Knast! Darauf haben die nur gewartet. Ich habe das Gefühl, ständig lauert mir jemand auf. Ich halte es nicht aus! Das ist ein Albtraum! Nur leider wache ich morgens auf... »

«Ich verstehe dich», sagt Florian. «Aber du darfst dich nicht selbst aufgeben. Deine Lage ist alles andere als einfach, das sehe ich auch. Allerdings wissen wir noch viel zu wenig über den Tathergang. Das Einzige, das wir wissen, ist, dass du neben deinem Kollegen, dessen Schädel eingeschlagen war, mit blutverschmierten Händen gefunden wurdest. Aber was sich zwischen euch abgespielt hat, darüber wissen wir nichts. Kannst du dich denn an gar nichts erinnern?»

«Leider nicht, Florian. Ich habe einen totalen Filmriss. Ich zermartere mir ständig mein·Gehirn, aber mehr als ein paar vage Erinnerungsfetzen bekomme ich nicht zu fassen.»

«Denk nach, Kemal! Jede Kleinigkeit ist wichtig! Warum warst du in diesem Lagerhaus?»

«Ich weiß es beim besten Willen nicht, Florian. Das Einzige, woran ich mich erinnern kann, ist der Anruf dieser Frau. Keine Ahnung, wie sie hieß und warum sie mich sprechen wollte. Es tut mir wirklich leid, aber mein Gedächtnis ist anscheinend ausgefallen.»

«Nicht verwunderlich.» Florian seufzt. «Du hattest eine so hohe Dosis Heroin im Körper, die hätte dich umbringen können. Irgendjemand hat dir diese Überdosis verpasst, damit du als Täter am Tatort gefunden wirst. Die Frage ist nur, wer steckt dahinter? An welchem Fall hast du gerade gearbeitet?»

«Das Übliche», sagt Kemal. «Schieberbanden, die Kinder aus den ärmsten Ländern der Erde hierherbringen, um sie in Kinderbordellen zu zerstören. Du hast bestimmt schon darüber gelesen: Kleine Mädchen und Jungen, die von ihren Eltern verkauft werden, um das Überleben der Familie zu sichern. Und dann bringen skrupellose Schlepper die Kinder nach Deutschland. In irgendwelchen Hinterhof-Bordellen müssen sie den Freiern zu Willen sein ohne Papiere, ohne irgendeinen Schutz sind sie den Bordellbesitzern auf Gedeih und Verderb ausgeliefert. Wie oft habe ich bei Razzien die Angst und das Entsetzen in den Augen dieser Kinder gesehen. Wie gelähmt sind die. Aus Angst vor ihren Zuhältern schweigen sie. Du bekommst kein Wort aus ihnen heraus.

Oft landen diese geschundenen Kinder dann im Abschiebegefängnis und werden – wenn man ihre Identität ermitteln kann – sofort abgeschoben.

Es hat sich mir oft der Magen umgedreht, wenn ich diese armen gedemütigten Kreaturen vor mir gesehen habe. Wenn es uns doch einmal gelingt, einen dieser schmierigen Zuhälter dingfest zu machen, dann lachen dich diese Kerle nur kaltschnäuzig an. Bei der Vernehmung eines dieser Typen ist mir mal die Sicherung durchgebrannt. Ich habe mir den Kerl geschnappt und ihm eine reingehauen. Max hat mich mit zwei anderen Kollegen davon abgehalten, dieses miese Schwein zu verprügeln.»

«Hast du ein Disziplinarverfahren bekommen?», will Florian wissen.

«Glücklicherweise nicht. Die Kollegen haben den feinen Herrn dazu gebracht, von einer Anzeige wegen Körperverletzung gegen mich abzusehen.»

«Da bist du noch mal mit einem blauen Auge davongekommen, Kemal. Allerdings dürfte sich dieser Zwischenfall bei der Polizei herumgesprochen haben. Ich hoffe nur, dass uns das in der Verhandlung niemand um die Ohren schlägt. Aber jetzt erzähl nochmal ganz genau, woran du gerade gearbeitet hast. Das scheint ja auch etwas mit Drogenhandel zu tun zu haben?»

«Wir sind einer Bande auf der Spur, die besonders skrupellos ist. Sie missbrauchen Asylbewerber und ihre Kinder nicht nur als Prostituierte, sondern auch als Drogenkuriere. Oft kommen auch die Menschen, die Asyl beantragen, über Schlepperbanden in unser Land. Sie leihen sich das Geld für ihre Flucht bei ihren Verwandten. Aber die Rückzahlung klappt nur selten, da sie keine geregelte Arbeit finden. Das Ehrgefühl dieser Menschen ist sehr ausgeprägt. Sie schämen sich, wenn sie ihre Schulden nicht begleichen können, und hier haken diese kriminellen Banden ein. Sie bieten ihnen Geld für ganz einfache Kurierdienste. Diese

Fahrten werden als Familienbesuche getarnt. Die Eltern müssen zum Beispiel mit ihren Kindern vollbepackt mit Drogen von Dortmund nach Frankfurt fahren, um ihre Ladung dort abzuliefern.»

«Wissen sie eigentlich, was sie transportieren?», will Florian wissen.

«Sie ahnen es wohl, aber sie trauen sich nicht danach zu fragen. Und sie würden auch kaum eine ehrliche Antwort bekommen.»

«Was passiert, wenn sie erwischt werden?», fragt Florian weiter.

«Alle werden sofort abgeschoben.»

«Bekommt ihr keine Hinweise über die Drahtzieher?»

«Leider nicht, Florian. Die Menschen haben Angst davor, uns Namen zu nennen. Sie wissen genau, diese Leute kennen keine Gnade.»

«Also tappt ihr noch im Dunkeln?», hakt Florian nach.

«Im Halbdunkel», erwidert Kemal. «Wir haben die Spedition, in der ich gefunden wurde, observiert. Aber leider hat dies noch zu keinen brauchbaren Hinweisen geführt. Kannst du dich dort nicht mal umhören, Florian? »

«Ich selbst sicher nicht. Aber der Privatdetektiv, mit dem ich zusammenarbeite, könnte sich vielleicht als Fahrer einschleusen.»

«Das ist eine geniale Idee, Florian. Ich hoffe nur, der findet was heraus. Aber jetzt sag mir erst mal, wie es Stefanie und den Kindern geht.»

«Nicht so gut, wie du dir vorstellen kannst. Aber darüber sprich mit ihr selbst. Sie will dich übermorgen besuchen.»

«Endlich mal eine gute Nachricht», atmet Kemal erleichtert auf. «Das Schlimmste für mich ist, dass ich nicht bei meiner Familie sein kann. Damit komme ich überhaupt nicht klar. Grüß Stefanie und die Kinder schon mal ganz herzlich von mir.»

«Mach ich gern, Kemal. Und zerfleisch dich nicht in Selbstvorwürfen. Wir werden einen Ausweg finden.»

«Florian, du bist nicht nur ein guter Anwalt, an dir ist auch ein Seelsorger verloren gegangen.»

Die beiden Brüder umarmen sich kurz und herzlich zum Abschied. Florian verlässt schnell das Gefängnis. Im Büro angekommen, ruft er den Privatdetektiv Jürgen Tembe an. Daraufhin nimmt Tembe sofort Kontakt mit der verdächtigen Spedition auf. Da dort ständig Fahrer zur Aushilfe gesucht werden, hat er keine Schwierigkeiten, einen Job zu bekommen. Er informiert Florian darüber, dass er bereits am nächsten Morgen um sechs Uhr in der Fahrerzentrale antreten soll. Florian ist erleichtert. Mit der Spedition haben sie wenigstens einen kleinen Anhaltspunkt, um Licht in die Hintergründe des Falles zu bringen. Wenn dort etwas nicht koscher ist, wird Tembe es herausfinden. Zufrieden gießt sich Florian eine Tasse Tee ein und zieht genüsslich an seiner Pfeife.

Kemal in seiner Zelle ist in einer ganz anderen Gemütsverfassung als sein Bruder. Unter der Überschrift: «Rambo-Bulle machte mich nieder!» hat der Zuhälter, den er bei einer Vernehmung geschlagen hatte, seine Geschichte an die Zeitung verkauft. Einige Mitgefangene haben ihm das Blatt unter der Zellentür durchgeschoben mit der Drohung: «Wir kriegen dich, Kanakenbulle!» Kemal spürt, wie ihm die Angst die Kehle zuschnürt. Hier drinnen ist er diesen Kriminellen total ausgeliefert. Er kann sich nicht entziehen und ist vollkommen auf sich allein gestellt.

«Wie konnte es überhaupt geschehen, dass ich hier gelandet bin?» Diese Frage stellt er sich immer wieder. Seine Gefühle fahren mit ihm Achterbahn. «Ich muss meine Gedanken irgendwie ordnen», geht es ihm durch den Kopf. Früher hat er sich alles von der Seele geschrieben. Kurze Aphorismen und Gedichte sind dabei entstanden. «Momentaufnahmen meines Gefühlsbarometers», so hat er diese Texte genannt. «Ich sollte es versuchen», macht er sich selber Mut. Er nimmt ein Blatt Papier zur Hand und schreibt auf, was ihn umtreibt.

«Gefühle tanzen wild im Kreis / Für Gerechtigkeit kämpfte ich / Augenblick des Jähzorns wird zum Gericht / Menschen wollte ich vor Schaden bewahren / Jetzt habe ich Schuld auf mich geladen.»

Kemal knüllt das Blatt zusammen. Voller Zorn wirft er es auf den Boden. Er spürt wie die Tränen in ihm aufsteigen. Früher hat er sich schrecklich geschämt, wenn er weinen musste. Das war für ihn unmännlich. Doch heute lässt er seinen Tränen freien Lauf. Ganz tief drinnen fühlt er, wie gut ihm das tut. Als ob seine Seele gereinigt wird, so kommt es ihm vor. Er erinnert sich daran, was seine Schwester Miriam immer zu ihm gesagt hat. «Kemal, du darfst deine Gefühle nicht unterdrücken, sonst erstickst du. Tränen zeigen uns, dass unsere Seele noch lebendig ist und unsere Gefühle in ihr zuhause sind.»

«Was für ein sentimentaler Quatsch», hat er ihr damals entgegen geschleudert. Heute aber wird ihm klar, wie Recht seine Schwester hatte. Plötzlich kann er sich bis in die tiefsten Tiefen seines Herzens fühlen. Er spürt den schmerzhaften Riss, der durch ihn hindurchgeht. Er steht vor der Zerreißprobe seines Lebens – und könnte daran zerbrechen. Wohin führt sein Weg? Ist er in eine Sackgasse geraten, aus der es keinen ·Ausweg mehr gibt?

Mit diesen düsteren Gedanken im Kopf versucht er Ruhe zu finden, nachdem die Wachleute das Licht gelöscht haben. Unruhig wälzt er sich von einer Seite auf die andere. Wüste Träume lassen ihn in dieser Nacht kaum Schlaf finden. Wie gerädert wacht er am nächsten Morgen auf und freut sich auf eine erfrischende Dusche. Als er im Waschraum unter dem wohltuenden Wasserstrahl steht, umringen ihn plötzlich vier Mitgefangene. Bobo, ihr Anführer, hält triumphierend eine Zeitung in die Höhe. «Na, da ist ja unser Superbulle», sagt er hämisch grinsend. «Scheinst ein ganz harter Bursche zu sein. Eddy lässt dich jedenfalls schön grüßen. Er meinte, wir sollten dir eine Lektion erteilen.»

Ehe Kemal reagieren kann, halten zwei ihn bereits fest im Würgegriff. Die anderen verprügeln ihn nach allen Regeln der Kunst. Als er fast bewusstlos auf die Fliesen sinkt, flüstert Bobo ihm ins Ohr: «Damit du weißt, was wir hier mit Kanakenbullen machen. Und komm bloß nicht auf die Idee, den Wachleuten etwas davon zu erzählen. Du bist in der Dusche ausgerutscht! Verstanden?!»

Nur mit größter Kraftanstrengung gelingt es Kemal, sich wieder aufzurichten. Er schleppt sich in die Umkleidekabine. Das Abtrocknen und Anziehen dauern unendlich lange. Als der Wachmann Klaus Müller kommt und ihn sieht, murmelt Kemal nur: «Ich bin in der Dusche ausgerutscht.»

«Wir wissen beide, dass das nicht stimmt», erwidert Müller. «Aber es ist für alle besser, wenn wir diese Version verbreiten. Oder wollen Sie den Vorfall melden?»

«Nein, nein», stammelt Kemal, «bringen Sie mich bitte zurück.»

Langsam und unter Schmerzen schafft Kemal den Weg bis zu seiner Zelle. «Soll ich dem Arzt Bescheid sagen?», fragt Klaus Müller anteilnehmend. «Nein», sagt Kemal, «ich brauche nur etwas Ruhe. Ich komme schon wieder auf die Beine.»

Doch in der Nacht werden die Schmerzen so unerträglich, dass er die Wachleute rufen muss. Als sie in seine Zelle kommen, krümmt sich Kemal neben der Tür. Sie bringen ihn auf einer Trage in die Krankenstation. Eine halbe Stunde später erscheint Dr. Strohm, der Gefängnisarzt. Er untersucht Kemal eingehend und stellt fest, dass mehrere Rippen gebrochen und die Nieren gequetscht sind. «Die haben gründliche Arbeit geleistet», konstatiert Dr. Strohm nüchtern.

«Wer war das?», fragt Kemal.

«Unsere Braune Front. So nennen sich diese Burschen. Sie haben noch Glück gehabt, dass Sie Ihnen nicht die Hände oder Arme gebrochen haben.»

«Und ihr lasst das einfach so zu?», sagt Kemal resigniert.

«Was sollen wir machen?», erwidert Dr. Strohm achselzuckend. «Hier drin herrscht das Gesetz des Dschungels. Der Stärkere setzt sich durch. Diese Typen bilden hier eine richtige ‚Herrenrassen-Front'. Wer sich ihnen widersetzt, wird erbarmungslos niedergemacht. Die haben nichts als ihre Naziparolen und ihren Körperkult, auf den sie stolz sind. Wir alle arrangieren uns mit ihnen, um einigermaßen klarzukommen. Sie sind natürlich für diese Typen ein willkommenes Opfer. Ein Ausländer als Bulle, der einen deutschen Kollegen erschlagen hat! Das ist für die wie eine Kriegserklärung. Mich hat es schon gewundert, dass man Sie bis jetzt in Ruhe gelassen hat.»

«Ein schwacher Trost!», erwidert Kemal mit schmerzverzerrtem Gesicht.

«Ich weiß», sagt Dr. Strohm. «Aber ich sage Ihnen ja gewiss nichts Neues. Hier drinnen blicken Sie wirklich in die Fratze unserer Gesellschaft, die einem Angst und Bange werden lässt. Ich werde Sie für einige Tage zur Beobachtung auf der Krankenstation behalten. Man kann nur hoffen, dass diese Typen sich mit ihrer Aktion jetzt genug ausgetobt haben.»

«Das hoffe ich auch», sagt Kemal kleinlaut. «Ich weiß nicht, ob ich das noch einmal durchstehen würde.» – «Werden Sie mit Ihrem Bruder über diesen Zwischenfall sprechen?», will Dr. Strohm wissen.

«Ehrlich gesagt, ich weiß es noch nicht», erwidert Kemal. «Eigentlich widerspricht es meiner Überzeugung, so etwas einfach auf sich beruhen zu lassen. Aber im Moment habe ich nur ein Bedürfnis – meine Ruhe zu bekommen.»

«Sehen Sie, Herr Kommissar», sagt Dr. Strohm, «so geht es den meisten hier drin. Sie sind froh, wenn man sie in Ruhe lässt und sie die Zeit im Knast einigermaßen unbeschadet überstehen. Trotzdem rate ich Ihnen sehr, sprechen Sie mit Ihrem Bruder über diesen üblen Vorfall. Möglicherweise kann er dies auch im Prozess zu Ihren Gunsten verwenden.»

Als Kemal am nächsten Morgen auf seine Frau wartet, ist er richtig aufgekratzt. Wie ein kleines Kind freut er sich auf ihren Besuch. Seine Schmerzen scheinen wie weggeblasen. Er hat sich fest vorgenommen, Stefanie nichts von dem Vorfall in der Dusche zu erzählen. Überschwänglich begrüßt er sie, als sie das Besuchszimmer betritt. Der Wachmann drückt sogar ein Auge zu, als er Stefanie so fest in seine Arme schließt, als wollte er sie nie wieder loslassen.

«Schön, dass du da bist!», raunt er ihr ins Ohr. «Ich habe mich so nach dir gesehnt! Was machen Alexander und Katharina? Ich vermisse euch so!»

Stefanie ist merkwürdig zurückhaltend. Kemal tritt einen Schritt zurück. Irritiert schaut er seine Frau an. «Was ist los, Stefanie? Freust du dich nicht, mich zu sehen?»

«Doch, doch», antwortet Stefanie kleinlaut.

«Aber dich bedrückt doch etwas», insistiert Kemal. «Was ist los? Ist den Kindern etwas passiert? Bitte, Stefanie, du musst es mir sagen!»

«Ach, Kemal», seufzt Stefanie. «Es ist schrecklich! Seit du im Gefängnis bist, werden wir angepöbelt und attackiert. Ans Garagentor hat jemand ‚Kanakenbraut' gesprüht! Und letzte Woche in der Straßenbahn...» Unvermittelt bricht Stefanie ab.

«Was war in der Straßenbahn? Wieso bist du überhaupt Straßenbahn gefahren? Was war mit dem Auto?» «Das Auto hatte ich zur Inspektion gebracht. Ach, eigentlich wollte ich dir das alles gar nicht erzählen.» Sie seufzt.

«Du musst es mir erzählen», drängt Kemal. «Wenn ich nicht weiß, was mit euch los ist, ist doch alles noch viel schwerer für mich.»

«Ich musste mit Alexander zur Vorsorgeuntersuchung zum Kinderarzt. Also habe ich ihn in den Kinderwagen gesetzt und wir sind mit der Straßenbahn gefahren. Als wir in der Bahn saßen, stiegen einige Skinheads zu. Plötzlich hat der Anführer durch die ganze Bahn gebrüllt. ‚Das ist doch die Kanakenbraut von dem Kanakenbullen, der im Knast sitzt. Und ihren Kanakenbalg hat sie auch dabei.' Dann sind die Kerle auf mich zugestürmt und haben den Kinderwagen geschnappt. Wild johlend haben sie ihn immer schneller durch die Bahn geschoben. Dabei haben sie gebrüllt: ‚Kanakenkinder fahren ab- Kanakenkinder ab ins Grab!'» Kemal läuft es eiskalt den Rücken herunter. Angstvoll fragt er: «Was hast du gemacht, Stefanie?»

«Ich habe versucht, hinterherzulaufen, aber ich kam ja nicht an den Wagen heran. Und dann habe ich geschrien. ‚Mein Sohn, mein Sohn! Gebt mir meinen Sohn wieder!'» «Und die Skinheads --wie haben die reagiert?», will Kemal wissen.

«Die haben mich nur ausgelacht. ‚Hol ihn dir doch, du Ausländerschlampe!', haben sie gegrölt. Selbst als ich aus Leibeskräften schrie, haben sie nur gejohlt.» «Hat dir denn kein Mensch geholfen?»; fragt Kemal entsetzt. Stefanie schüttelt stumm den Kopf. «Zunächst nicht. Erst als ich schrie, ‚Mörder! Mörder!', da hat sich die Straßenhahnfahrerin umgedreht und gebremst. Die hat sich dem Haufen dann mutig entgegengestellt. Aber als sie sie aufgefordert hat, den Kinderwagen loszulassen, ist der Anführer noch sarkastisch geworden. ‚Nichts leichter als das', hat er gesagt und dem Wagen einen kräftigen Stoß gegeben, so dass er durch die ganze Bahn gesaust und schließlich gegen einen Sitz geprallt ist. Dabei ist er umgekippt. Glücklicherweise war Alexander angeschnallt.»

«Diese Drecksbande!», stößt Kemal hervor. Er greift nach Stefanies Händen und hält sie fest zwischen seinen. «Alexander war natürlich vollkommen außer sich», fährt Stefanie fort. «Er schrie wie am Spieß. Auch auf meinem Arm konnte er sich kaum beruhigen. Ich habe die Straßenbahnfahrerin gebeten, die Polizei zu rufen. Als die Bande das mitbekam; bedrohten sie mich erneut. ‚Das könnte dir so passen, Ausländerbraut', höhnte der Anführer. ‚Uns die Bullen auf den Hals hetzen! Pass schön auf, wenn du jetzt nicht ganz brav bist, nehmen wir dich und deinen Balg mit und erteilen euch eine richtige Lektion.' Und dann hat er mir mit der Faust ins Gesicht geschlagen, bevor er endlich abzog und verschwand mit seiner grölenden Bande.»

Kemal guckt Stefanie prüfend ins Gesicht und streichelt ihr zart über die Wange. ·

«Hast du Anzeige erstattet?», fragt er. «Bestimmt haben wir die Typen in unserer Kartei.» «Dazu hatte ich nicht mehr die Kraft», erwidert Stefanie. «Ich war froh, als die Straßenbahnfahrerin einen Krankenwagen rief, der Alex in eine Klinik brachte. Gott sei Dank hat Alexander außer einer Beule an der Stirn keine weiteren Verletzungen. Aber ich war vollkommen am Ende. Die Ärzte haben mir eine Beruhigungsspritze gegeben. Florian, den ich angerufen hatte, hat uns dann nach Hause gebracht.»

Kemal kann noch jetzt die Angst, Wut und Verzweiflung seiner Frau spüren. Er fühlt sich leer und kraftlos. Mit einer fahrigen Handbewegung streicht sich Stefanie eine Haarsträhne aus der Stirn. Sie richtet ihren Blick auf ihren Mann.

Dann bricht es aus ihr heraus: «Kemal, in welcher Welt leben wir eigentlich? Mitten in unserem Land können solche Typen ein Kind quälen und misshandeln und niemand schreitet ein!»

Kemal spürt, wie der Zorn in ihm hochsteigt: «Ich habe immer gedacht, ich könnte dich und unsere Kinder vor allen schlimmen Erfahrungen beschützen. Und jetzt werdet ihr angepöbelt und bedroht und ich kann euch nicht helfen! Wie oft habe ich mich bei unseren Razzien in diesen Kinderbordellen gefragt, was ich tun würde, wenn unsere Kinder dort hineingeraten würden. Warum haben die Eltern dieser Kinder sie nicht geschützt? Und jetzt bin ich plötzlich selbst in dieser Lage.»

«Ich hätte es dir nicht erzählen dürfen», sagt Stefanie. «Florian meinte, ich sollte es lieber für mich behalten. Es würde dich zu sehr aufwühlen.»

«Es ist richtig, dass du es mir gesagt hast, Stefanie. Ihr gehört doch zu mir. Ihr seid mein Leben. Und mir wird dadurch auch klar, dass ich kämpfen will, um wieder für euch da sein zu können. Ich hatte mich ja schon fast aufgegeben.»

Kemal und Stefanie umarmen sich innig und küssen sich leidenschaftlich. Erst als der Wachmann sich laut und vernehmlich räuspert, trennen sie sich langsam. Als sie sich gegenüberstehen und einander in die Augen schauen, spüren sie, wie eine unbeschreibliche Wärme sie durchströmt. Nur Liebe kann den Hass überwinden, das empfinden sie beide in diesem Augenblick ganz stark und unmittelbar.

«Wie wird Katharina mit alldem fertig?», fragt Kemal.

«Erstaunlich gut! Sie ist ein wunderbares Mädchen! Nur einmal hat sie furchtbar geweint, als sie in der Schule kurz nach deiner Verhaftung über sie hergefallen sind. ‚Na, du Mördertochter, willst du uns auch erschlagen?', haben sie ihr auf dem Schulhof hinterhergerufen, und: ‚Euch sollte man wieder dorthin zurückjagen, woher ihr gekommen seid!'»

«Und was hat Katharina gemacht?», will Kemal wissen. «Sie kam nach Hause und hat mir alles erzählt. Es hat meine ganze Überredungskunst gefordert, sie davon zu überzeugen, wieder in die Schule zu gehen. Ich hielt ihr vor Augen, dass sie jetzt nicht klein beigeben dürfe, weil sie sonst ihren aggressiven Mitschülern das Feld überlassen würde. Darum gingen wir am nächsten Morgen gemeinsam zur Schule. Ich habe mit dem Klassenlehrer geredet. Er bat mich, mit in die Klasse zu kommen, um mit den Schülern über diesen Vorfall zu sprechen. Dabei hat Katharina ihre Sprache wiedergefunden. Sie hat ein leidenschaftliches Plädoyer für einen fairen und vorurteilsfreien Umgang miteinander gehalten.»

«Was seid ihr nur für tolle Frauen!», schwärmt Kemal. «Während ich hier im Gefängnis schmore, erteilt ihr anderen eine Lektion in Zivilcourage. Gib Katharina einen dicken Kuss von mir und sag ihr, dass ich stolz auf sie bin!» «Das mache ich, Kemal. Aber jetzt muss ich gehen. Die Kinder warten auf mich.» Stefanie steht auf umarmt ihren Mann herzlich und küsst ihn zärtlich zum Abschied.

Als Kemal wieder allein in seiner Zelle liegt, spürt er, wie aufgewühlt er ist. Er spürt in sich selbst eine tiefe Zerrissenheit. Aber er weiß nicht, woher sie kommt. Durch die ständige Konfrontation mit sich selbst und seinen Empfindungen wird ihm klar, dass er der Ursache seines inneren Konfliktes auf den Grund gehen muss. Er muss mit jemandem reden, der weiß, wo er herkommt und wo er hingehört.

Es gibt nur einen Menschen, der ihm dabei helfen kann: Miriam, seine ältere Schwester. Als er sie anruft und kurz erzählt, worum es geht, ist sie sofort bereit, zu kommen.

«Miriam», sagt Kemal und ergreift ihre Hand. «Du bist immer mein guter Schutzengel gewesen. Ich brauche dich jetzt mehr denn je. Ich verliere immer mehr den Boden unter den Füßen. In mir tobt ein Kampf, der mich fast zerreißt. Ich spüre die tiefe Liebe zu meiner heutigen Familie. Wenn ich aber an meine Vergangenheit denke, empfinde ich nur Trauer. Es ist wie eine offene Wunde, die ich in mir trage, aber ich weiß nicht, woher sie kommt.»

Miriam löst sich von Kemals Hand. Sie blickt ihrem Bruder fest in die Augen. «Kemal, es tut mir schrecklich leid, dass ich dir das hier im Gefängnis erzählen muss. Aber ich denke, bevor du dich vor dem Gericht verantwortest, solltest du alles über deine Herkunft wissen.»

«Das klingt ja richtig unheimlich», erwidert Kemal. «Ich dachte immer, wir wurden adoptiert, nachdem unsere Eltern bei einem Autounfall ums Leben gekommen sind.»

«Das entspricht leider nicht so ganz der Wahrheit, Kemal. Unsere Eltern sind damals mit uns aus Beirut geflohen, weil dort Krieg herrschte. Unser Vater hatte sich das Geld für die Flucht bei Verwandten geliehen. Um es zurückzahlen zu können, hat er sich als Drogenkurier anheuern lassen. Er sollte zur Tarnung mit seiner Familie Heroin von Essen nach Frankfurt befördern. Als wir am Frankfurter Bahnhof ankamen, wimmelte es dort von Polizisten. Mutter steckte mir einen Zettel mit einer Telefonnummer zu. Ich sollte dort anrufen, falls ihnen etwas passieren würde.»

«Und, was ist passiert, Miriam?», fragt Kemal entsetzt.

«Wir haben uns getrennt. Unsere Eltern blieben am Bahnhof, ich bin mit dir in die Stadt gegangen. Als ich abends zum Treffpunkt zurückkam, waren die Eltern nicht da. Ich habe lange gewartet. Schließlich habe ich bei der Nummer angerufen, die Mutter mir gegeben hatte. Es meldete sich Susanne. Sie war Mutters Deutschlehrerin, mit der sie sich angefreundet hatte. Susanne holte uns ab und nahm uns bei sich auf, und als unsere Eltern nach Beirut abgeschoben wurden, blieben wir als Pflegekinder bei ihr. Ich hatte immer gehofft, unsere Eltern eines Tages in Deutschland wiedersehen zu können. Aber dann kam die Nachricht aus Beirut. Unsere Eltern sind dort bei einem Bombenangriff ums Leben gekommen.» Kemal ist fassungslos. Er starrt seine Schwester ungläubig an. «Wir hatten Glück, dass wir bei

Susanne und Martin bleiben konnten», fährt Miriam fort. «Sie hatten bereits Florian als eigenes gemeinsames Kind, mit dem wir uns prima verstanden. Nachdem sie geheiratet hatten, konnten sie uns adoptieren. ‚Du und Kemal, ihr seid wie Moses und Miriam für mich', hat Susanne oft zu mir gesagt.»

»Warum habt ihr mir nie etwas erzählt?», stammelt Kemal.
«Wir wollten, dass du unbelastet und unbeschwert aufwächst. Susanne und Martin haben auch mit mir darüber gesprochen, in welchem Glauben sie dich erziehen sollten. Unsere Eltern waren tiefgläubige Muslime. Ich schlug damals vor, dich taufen zu lassen. Ich dachte, es wäre am einfachsten. Aber in letzter Zeit habe ich gespürt, dass das ein Fehler war. Du fühlst dich hin und her gerissen, weil deine Wurzeln in einer anderen Kultur und Religion liegen. Deshalb hast du immer wieder rebelliert gegen diese Entscheidung, die wir ohne dich getroffen haben. Ich kann mich noch gut daran erinnern, wie wütend du einmal von der Schule nach Hause gekommen bist, als ihr im Religionsunterricht über den Islam gesprochen hattet.»

«Ja, ich erinnere mich», wirft Kemal ein. «Ich hatte an diesem Tag das Gefühl, zwischen allen Stühlen zu sitzen! Wir diskutierten heftig über die Probleme im Islam – die untergeordnete Stellung der Frau und den heiligen Krieg. Mir kam es so vor, als ob ich angeklagt wäre und mich verteidigen müsste. ‚Ihr habt doch alle keine Ahnung vom Islam', habe ich meine Mitschüler angeschrien; ich fühlte mich plötzlich wie ein Wanderer zwischen zwei vollkommen verschiedenen Lebenswelten. Darum habe ich mir massenhaft Bücher über den Islam besorgt und sie geradezu verschlungen.»

«Wir dachten damals, dass es eine Phase ist, die wieder vorübergeht. Leider war das eine Fehleinschätzung», erwidert Miriam.

«Das stimmt allerdings», bestätigt Kemal. «Ich bin dieses Gefühl, zwischen allen Stühlen zu sitzen, eigentlich nie richtig losgeworden. Im Gegenteil. Gerade bei meiner Polizeiarbeit spüre ich diesen Zwiespalt. Ich habe mich immer gewundert, warum die Schicksale der Kinder, die diesen Menschenhändlern in die Hände gefallen waren, bei mir so viel Wut und Aggressionen ausgelöst haben. Jetzt weiß ich, warum. Intuitiv habe ich die Verbindung zu meiner eigenen Lebensgeschichte gespürt. Und jetzt verstehe ich natürlich auch Susannes Hinweise auf Mose. Sie wollte mir eine Brücke bauen. Welche Ironie, dass ich jetzt auch zum Mörder geworden bin, genau wie Mose, der den ägyptischen Aufseher erschlug.»

«Es gibt aber einen gravierenden Unterschied», wirft Miriam ein. «Mose hat sich durch Flucht entzogen, um sich für seine Tat nicht verantworten zu müssen.»

«Das stimmt», pflichtet Kemal ihr bei. «Aber Mose musste schließlich von Midian, wohin er geflüchtet war, zurück nach Ägypten gehen, um das unterdrückte Volk aus der Sklaverei zu befreien. Er hat sich mit allen Mitteln gegen diesen Auftrag gewehrt. Aber Gott hat ihn nicht aus seiner Verantwortung entlassen. Aus dem Totschläger des Täters hat Gott einen Befreiungsschläger für die Opfer gemacht.» «Das ist aber eine sehr gewagte Ausdrucksweise», bemerkt Miriam.

«Aber es ist für mich die Wahrheit», erwidert Kemal hitzig. «Vielleicht ist dies sogar die Wahrheit meines Lebens?!»

«Allerdings bist du jetzt nicht der Befreier, sondern musst dich vor Gericht verantworten», hält ihm Miriam vor Augen.

«Das stimmt natürlich, Miriam. Dieser schwere Gang steht mir noch bevor. Und so wie es zurzeit aussieht, wird es alles andere als ein Spaziergang. Ich kann nur hoffen, Florian findet noch entlastende Fakten.»

«Das hoffen wir alle, Kemal.» Miriam steht auf, umarmt ihren Bruder herzlich und verabschiedet sich. Kemal geht zurück in seine Zelle. Für ihn ist heute ein neues Kapitel seines Lebens aufgeschlagen worden. Egal wie der Prozess ausgeht, eins steht fest: Als Polizist wird er nicht mehr arbeiten.

Der Termin der Gerichtsverhandlung rückt immer näher. Bisher haben die Recherchen des Privatdetektivs noch keine brauchbaren Hinweise gebracht. Langsam wird selbst Florian nervös. Sie haben nur noch drei Tage. Aber er lässt sich Kemal gegenüber nichts anmerken. Schließlich kommt der Tag der Verhandlung. Der Gerichtssaal ist bis auf den letzten Platz besetzt. Kemal und Florian sitzen auf der Anklagebank. Vor ihnen liegt die örtliche Tageszeitung. Auf der Titelseite ist die Schlagzeile zu lesen: ‚Zwei ungleiche Brüder kämpfen für die Gerechtigkeit!'

Kemal ist sichtlich nervös. Er trommelt mit den Fingern auf den Tisch. Zum ersten Mal in seinem Leben sitzt er dort, wo er selbst Hunderte von Kriminellen hingebracht hat: auf der Anklagebank. Florian hingegen ist ruhig und gelassen. Er weiß zwar, dass dies kein einfacher Kampf wird. Aber er ist zuversichtlich, diese schwierige Situation meistern zu können. Im Gerichtssaal ist er in seinem Element. Hier kennt er alle Regeln und Schachzüge ganz genau. Er weiß, wann er angreifen und wann er sich zurückziehen muss. Nachdem die Richterin Kemal zu seiner Person befragt hat, erläutert sie die Anklageschrift.

«Kemal Weiershoff, Sie sind angeklagt wegen Totschlag an Ihrem Kollegen, Hauptkommissar Max Polder. Möchten Sie zu dieser Anklage Stellung nehmen?» «Nein, Frau Vorsitzende», antwortet Kemal. «Das überlasse ich meinem Anwalt.» «Dann erteile ich dem Herrn Staatsanwalt das Wort.» Die Richterin wendet sich diesem zu. «Vielen Dank, Frau Vorsitzende», beginnt Staatsanwalt Dreier seine Ausführungen. «Niemand stellt in Abrede, dass der Angeklagte ein hervorragender Polizist mit großen Verdiensten ist. Aber gerade deshalb kann ihm nicht nachgesehen werden, dass er in so unkontrollierter Art und Weise die Beherrschung verloren hat. Er schlug seinen Kollegen so hart, dass dieser zu Tode gekommen ist. Besonders schwer wiegt dabei die Tatsache, dass es sich bei dem Erschlagenen um seinen langjährigen Partner, Hauptkommissar Max Polder handelt. Jahrelang arbeitete Polder mit dem Angeklagten vertrauensvoll zusammen. Dann hat Max Polder herausbekommen, dass Kemal Weiershoff in den Drogenhandel eingestiegen ist. Es kam im Büro der Spedition Solm zu einer heftigen Auseinandersetzung, da Polder Weiershoff auf frischer Tat ertappte. Weiershoff erschlug seinen Kollegen mit dem Briefbeschwerer. Danach wollte er sich einen Schuss Heroin setzen, um seine Nerven zu beruhigen. Vermutlich verpasste er sich dabei selbst eine Überdosis.»

«Das ist ja abenteuerlich», ruft Florian Weiershoff dazwischen, «was uns der Herr Staatsanwalt für eine Theorie auftischt.»

«Ich bitte um Mäßigung», interveniert die Richterin. «Fahren Sie in Ihrem Plädoyer fort, Herr Staatsanwalt.»

«Danke, Frau Vorsitzende», sagt Staatsanwalt Dreier. «Ich finde die Version mit dem angeblichen Gedächtnisschwund, die Herr Weiershoff ins Feld geführt hat, äußerst fragwürdig, zumal der Angeklagte neben der Leiche mit dem Briefbeschwerer in der Hand und einem Koffer mit fünf Kilogramm Heroin gefunden wurde. Deshalb plädiere ich für schuldig im Sinne der Anklage und fordere eine zehnjährige Haftstrafe. Sie haben das Wort, Herr Kollege!»

«Vielen Dank, sehr geehrter Herr Staatsanwalt», antwortet Florian Weiershoff höflich. «Einen Menschen zu erschlagen ist in der Tat ein verachtungswürdiges Verbrechen. Dieser Einschätzung meines Vorredners stimme ich ausdrücklich zu. Es gibt auch keinen Zweifel daran, dass Max Polder mit eingeschlagenem

Schädel aufgefunden wurde. Es entspricht auch den Tatsachen, dass mein Bruder Kemal neben der Leiche von Max Polder bewusstlos mit einem Briefbeschwerer in der Hand gefunden wurde. Die Frage, die sich jetzt stellt, lautet: Wieso erschlägt Kemal Weiershoff seinen Kollegen Max Polder und legt sich dann bewusstlos neben seine Leiche? Eine Analyse seiner Blutwerte ergab tatsächlich, dass mein Bruder eine hohe Dosis Heroin in seinem Körper hatte. Da er bisher keinerlei Drogen genommen hat, erklärt das auch, warum das Heroin ihn vollkommen außer Gefecht setzte. Auch die Gedächtnisstörung ist eine Folge der hohen Heroindosis. Aber das vom Staatsanwalt konstruierte Tatmotiv stützt sich auf den vordergründigen Augenschein. Nach dem Motto ‚ein Mann liegt mit der Mordwaffe neben dem Opfer, also ist er der Täter'.

So einfach dürfen wir es uns nicht machen, verehrter Herr Kollege. Man sollte sich schon einmal die Mühe machen, den Obduktionsbericht des Gerichtsmediziners aufmerksam zu lesen. Dabei ist mir aufgefallen, dass Polders Schädel zwei Verletzungen aufwies, die zum Tode geführt haben könnten. Eine der beiden Wunden lässt sich eindeutig nicht auf einen Schlag mit dem Briefbeschwerer zurückführen. Niemand ist diesem sehr interessanten Befund nachgegangen. Niemand hat sich die Mühe gemacht, die Ursache für die Verletzung zu ergründen.»

«Sie haben das bestimmt getan», fährt der Staatsanwalt dazwischen.

«In der Tat, Herr Kollege», antwortet Florian gelassen. «Ich bin dabei auf eine äußerst interessante Tatsache gestoßen. Sie wissen, Polder wurde im Büro des Lagerverwalters gefunden. Im Büro des Chefs der Spedition steht ein Eichenschreibtisch mit einer sehr massiven Steintischplatte. Da die Schreibtischplatte nur oberflächlich gereinigt wurde, haben wir an einer Ecke kleine Hautpartikel gefunden. Sie dürfen raten, was die Untersuchung dieser Hautabschürfungen ergeben hat: Die Hautreste stammten von Max Polder. Auch die genaue Analyse der Wunde hat ergeben, dass die Erstverletzung an Polders Kopf von dieser Steintischplatte herrührte. Jetzt werden sie natürlich wissen wollen, wieso Max Polder in diesem Zimmer auf den Schreibtisch gestürzt ist und im Büro des Lagerverwalters mit eingeschlagenem Schädel gefunden wurde. Um dieses Geheimnis zu lüften, habe ich eine Frau eingeladen, die Licht in das Dunkel bringen kann. Ich bitte Frau Monika Zander in den Zeugenstand. Sie wartet draußen vor dem Gerichtssaal.»

Der Gerichtsdiener holt Monika Zander in den Saal, führt sie zum Zeugenstand und bittet sie, dort Platz zu nehmen. «Frau Zander», sagt Florian Weiershoff, «bitte schildern Sie dem Gericht, was sich an jenem 23. Mai zugetragen hat.»

Ruhig und besonnen fängt Monika Zander an zu erzählen. «Ich arbeite seit zwei Jahren als Disponentin bei der Spedition Solm, einem international operierenden Unternehmen. Unsere LKWs fahren durch ganz Europa. Wir transportieren auch Waren aus Übersee. Die meisten Aufträge sind über meinen Schreibtisch gelaufen. Doch in den letzten zehn Monaten fiel mir auf, dass wir verstärkt Auftraggeber aus sogenannten Dritte-Welt-Ländern hatten. Allerdings wunderte ich mich darüber, dass die Warenangaben merkwürdige Ungereimtheiten aufwiesen. Als ich meinen Chef darauf hin ansprach, meinte er nur, ich sollte mir nichts dabei denken, das ginge mich nichts an. Die Sache ließ mir allerdings keine Ruhe. Deshalb kontrollierte ich alle mir suspekt erscheinenden Speditionsaufträge. Dabei fiel mir auf, dass die Lieferadresse immer dieselbe war, nämlich eine Firma in Frankfurt. Als ich dort anrief, um mich nach der Lieferung der Ware zu erkundigen, bekam ich nur ausweichende Antworten. Ich wurde das Gefühl nicht los, dass hier etwas Illegales ablief. Dieser Eindruck verstärkte sich noch, als mir der Chef die Bearbeitung dieser Aufträge entzog mit der Begründung, ich sei arbeitsmäßig überlastet. Meine Befürchtung wurde endgültig bestätigt, als ich eines Abends länger im Büro blieb, um noch einiges aufzuarbeiten. Plötzlich fuhren zwei LKW s auf unseren Hof. Die Tore der Hallen wurden geöffnet. Die Lastwagen fuhren schnell hinein. Da an diesem Abend überhaupt keine Rückkehrer erwartet wurden, kam mir diese Sache mehr als suspekt vor. Kurz darauf fuhr unser Chef mit seinem Auto auf den Hof. Er stieg hastig mit drei weiteren Leuten aus und verschwand ebenfalls in der Halle. Intuitiv löschte ich sofort das Licht in meinem Büro. Langsam und vorsichtig schlich ich in die Halle. Was ich dort sah, ließ mich schier erstarren. Ungefähr hundert Jungen und Mädchen aus verschiedenen Ländern kauerten wimmernd und frierend auf der Erde. Ich hörte, wie mein Chef zu einem seiner Mitfahrer sagte: ‚Polder, da ist was schiefgegangen. Unsere Fahrer mussten die Kinder hierherbringen. Du wolltest doch für die Papiere sorgen! Deine Scheißkollegen hätten uns beinahe auffliegen lassen!‘ Plötzlich ging hinter mir eine Tür auf. Ich schaffte es gerade noch, mich hinter einer Kiste zu verstecken. Total geschockt verließ ich das Gelände, so schnell ich konnte. In meiner Verzweiflung rief ich Kommissar Weiershoff an. Ich kenne ihn, weil er uns die kleine Sarah vermittelt hat. Sarah war über einen Menschenhandelsring nach Deutschland geschleust worden. Sie musste in einem Kinder-Bordell arbeiten. Kommissar Weiershoff hat Sarah aus dieser Hölle befreit. Wir haben sie als Pflegekind aufgenommen. Heute ist sie unsere Adoptivtochter. Als ich Herrn Weiershoff erzählte, was ich gesehen hatte, war er wie elektrisiert. ‚Wir müssen noch einmal dorthin fahren‘, drängte er. ‚Ich will und kann nicht glauben, dass Polder in diese Schweinerei verwickelt ist.‘ ‚Wollen Sie denn nicht das Präsidium informieren?‘, fragte ich. ‚Nein‘, war seine Antwort. Er wollte sich erst selbst davon überzeugen, ob das stimmte, was ich gesehen hatte. Zwanzig Minuten später war Herr Weiershoff bei mir. Wir fuhren noch einmal zur Spedition. Vorsichtig schlichen wir uns durch den Lieferanteneingang ins Haus. Als wir die Büroetage erreichten, hörten wir im Büro meines Chefs lautes Stimmengewirr. Kommissar Weiershoff erkannte sofort die Stimme seines Kollegen Polder. Wir hörten, wie die vier Männer heftig darüber stritten, was jetzt mit den Kindern geschehen sollte. Polder sagte zu meinem Chef, er solle ihm die Kids vom Halse schaffen, egal wie. ‚Meinetwegen verteilt sie auf unsere Bordelle', sagte er. Kommissar Weiershoff schäumte vor Wut, als er das hörte. ‚So ein Schwein, so ein gottverdammtes Schwein' zischte er. ‚Dir werde ich das Handwerk legen!' Mit gezogener Waffe stürmte er ins Zimmer und schrie: ‚Hände hoch! Ihr seid alle verhaftet!'»

«Wo waren Sie zu diesem Zeitpunkt, Frau Zander?», fragt Florian Weiershoff.

«Ich habe mich hinter einem Aktenschrank versteckt. Ich hatte schreckliche Angst», antwortete Frau Zander verlegen.

«Was passierte dann?», will Florian Weiershoff wissen.

« ‚Was machst du hier, Kemal?', fragte Max Polder entsetzt. ‚Ich lege dir das Handwerk, du mieses Schwein!' – ‚Mach keinen Scheiß, Kemal. Wir können doch über alles reden!' – ‚Nichts können wir, gar nichts!', schrie der Kommissar. ‚Du wirst jetzt zur Rechenschaft gezogen!' In diesem Moment stürzte sich Max Polder auf Herrn Weiershoff und schlug ihm die Waffe aus der Hand. Die beiden Männer kämpften wild miteinander. Weiershoff streckte Polder mit einem Faustschlag nieder. Dieser prallte mit dem Kopf auf die Kante der Schreibtisch platte und fiel zu Boden. Am Kopf hatte er eine große klaffende Wunde. Kemal Weiershoff beugte sich über ihn, um zu sehen, wie schwer verletzt er war. In diesem Moment versetzte ihm mein Chef einen Schlag mit einem Baseballschläger. Kemal Weiershoff fiel in sich zusammen. ‚Wir müssen die Sache vertuschen', hörte ich meinen Chef sagen. ‚Oder noch besser, wir schieben Max' Tod diesem Kommissar in die Schuhe. Hol einen Koffer mit Heroin, Tom, und eine Spritze. Wir verpassen dem Bullen einen Schuss. Franz, hau dem Max mit dem Briefbeschwerer eins über den Schädel! Und dann bringt ihr die beiden in das Büro des Lagerverwalters. Wir lassen es aussehen wie die Auseinandersetzung zwischen zwei Polizisten, bei der der eine den anderen bei einer kriminellen Handlung überrascht hat.' ‚Stimmt ja sogar', feixte Franz. ‚Nur ganz anders, als die Bullen meinen werden!'»

«Was anschließend ablief, können wir rekonstruieren», sagt Florian Weiershoff. «Die Kerle verpassten meinem Bruder eine Überdosis Heroin und schlugen Max Polder mit dem Briefbeschwerer den Schädel ein. Dann brachten sie beide in das Büro des Lagerverwalters.»

«Genau so ist es abgelaufen», bestätigt Monika Zander.

«Ich danke Ihnen», sagt Florian. «Haben Sie noch Fragen an die Zeugin, Herr Staatsanwalt?», will die Richterin wissen.

«Ja», erwidert Staatsanwalt Dreier. «Ich verstehe nicht, Frau Zander, wieso Sie erst jetzt Ihre Aussage machen.»

«Ich hatte Angst um meine Tochter und mich», antwortet sie. «Als ich sah, wie skrupellos diese Leute sind, wollte ich nur weg von hier. Ich habe meinen Job gekündigt und wir sind sogar in eine andere Stadt gezogen. Ich wollte die ganze Sache vergessen.»

«Doch dann haben Sie Gewissensbisse bekommen und sich entschlossen auszusagen?», bemerkt Staatsanwalt Dreier.

«Das stimmt leider nicht so ganz», erwidert Monika Zander kleinlaut. «Vor einigen Tagen stand ein Mann vor meiner Tür. Er sagte, sein Name sei Jürgen Tembe und er arbeite für den Rechtsanwalt Florian Weiershoff. Da war mir klar, dass ich nicht mehr weglaufen kann. Irgendwie war ich fast erleichtert darüber, dass er mich gefunden hatte. Herr Tembe brachte mich zu Rechtsanwalt Weiershoff. Als ich hörte, was für seinen Bruder auf dem Spiel steht, war ich natürlich sofort bereit, auszusagen. Kommissar Weiershoff hat nicht nur unserer Tochter Sarah das Leben gerettet, er hat uns auch zu sehr, sehr glücklichen Menschen gemacht.»

«Wir danken Ihnen sehr, Frau Zander», sagt die Richterin. «Haben Sie noch Fragen, Herr Staatsanwalt?» Staatsanwalt Dreier schüttelt den Kopf. «Das Gericht zieht sich zur Beratung zurück.»

Nach einer Stunde verkündet die Richterin das Urteil. Kemal Weiershoff wird zu fünfzehn Monaten Freiheitsstrafe wegen Körperverletzung mit Todesfolge verurteilt. Die Strafe wird zur Bewährung ausgesetzt.

Während alle, die mit ihm gebangt haben, voller Freude jubeln, steht Kemal wie versteinert da. Er kann noch gar nicht recht fassen, was passiert ist. Langsam, ganz allmählich, dringt in sein Bewusstsein, was er Miriam über Mose gesagt hat. ‚Aus dem Totschläger des Täters hat Gott einen Befreiungsschläger für die Opfer gemacht.' «Ja», denkt er, «das ist meine Geschichte.»

Kemal Weiershoff verlässt den Gerichtssaal nicht als freier, sondern als befreiter Mann. Zwei Wochen nach der Gerichtsverhandlung quittiert er den Polizeidienst und gründet eine Hilfsorganisation für Kinder, die Opfer von Schlepperorganisationen geworden sind. Er gibt dieser Organisation den Namen Befreiungsschlag. ·

Das Mäuschen-Spiel

„Hömma, Berni, wat trällerst du denn da eigentlich auf deiner Tröte?"

Franz Kowalski stand gelangweilt an der Bude mit einer Pulle Bier in der Hand. „Sach mal, Franz, Du bist wohl n' echter Kulturbanause. Dat is vom ollen Satchmo, wat ich da spiele. Und wat die Tröte angeht, sach ich dir bloß, dat is n'echte Jazz-Trompete. Mit der hab ich schon inne GRUGA-Halle zusammen mit der WDR-Bigband vor zigtausend Leuten gespielt."

„Nun halt mal den Ball flach, Berni", mosert Franz. „Du willst mir doch nicht verklickern, dat du mal n' richtig doller Jazz Musiker gewesen bist."

„Ob du's glaubst oder nicht, dat war so", mischt sich Arni Neumann ein. „Ich sach dir wat. Unser Berni hatte dat Zeug für wat ganz Großes. Wart mal n' Moment, ich zeig dir wat." Arni geht in das Hinterzimmer der Bude und holt eine Mappe mit Zeitungsausschnitten. „Guck mal hier", er zeigt Franz ein Bild von Berni aus der Westdeutschen Allgemeinen mit seiner Trompete unter der Überschrift ‚Berni Bruske – Essen sein Satchmo'.

„Da staunste, wat!", sagt Arni voller Stolz. „Unser Berni warn' echte Granate auf der Trompete. Der hätte reich und berühmt werden können."

„Und wat is dann passiert?", will Franz wissen.

„Ich hab mir bei n' Klopperei nach n'm Spiel von RotWeiß eine Hand und drei Finger gebrochen", erwidert Berni. „Damit war meine Karriere als Jazz Musiker futsch."

„Saudumm gelaufen", bemerkt Franz trocken. „Und womit verdienste jetzt deine Kohle?"

„Ich bin ins Transportgeschäft eingestiegen“, erwidert Berni grinsend. „Musik mach ich nur noch für Spaß.“ Er nimmt sein Instrument und spielt ein Trompeten-Solo von Louis Armstrong. „Wat transportierst du denn?“, fragt Franz neugierig.

„Alles wat aus Metall ist, ich hab grad 'n dolles Ding in Planung. Wenn dat klappt, geht uns dat Moos nie mehr aus.“

„Hört sich echt gut an“, sagt Franz. „Ich bin im Moment ganz klamm.“ „Spann uns nicht so auf die Folter“, drängt Kalle Schmitz.

Berni genießt sichtlich die gespannte Aufmerksamkeit seiner Kumpels. Dann legt er los: „Ihr wisst doch alle, unsere alten Schrottmühlen geben bald den Geist auf. Wir brauchen über kurz oder lang jeder eine neue Karre, wenn wir im Geschäft bleiben wollen. Deshalb hab ich mir überlegt, wie wir auf Dauer an neu es Pulver kommen und das auch noch ständig vermehren.“ „Hömma, Berni“, bollert Franz, „spuk endlich aus!“

„Also dat ist so. Wir kennen doch jeden Winkel in unserem Revier. Wir wissen, wo die alten und neuen Industriegebiete sind. Wie oft sind wir schon rausgefahren, um den alten Schrott abzuholen, wenn irgendwo ein neuer Gewerbepark auf einer alten Industriebrache gebaut werden soll.“

„Dat stimmt“, pflichtet ihm Kalle bei, „erst letztens hab ich eine ganze Fuhre Altmetall in Altenessen von einem alten Firmengelände abgeholt, weil da ein neuer schicker Büropark entsteht.“

„Seht ihr Männer, dat sind unsere Goldgruben“, triumphiert Berni. „Überall stehen in den Firmen Tresore herum, in denen die Tageseinnahmen aufbewahrt werden. Erst am Ende der Woche kommen die Jungs mit den Geldtransportern und bringen die Asche zu den Banken.“

„Willste uns zu Panzerknackern machen?“, fragt Franz verdutzt.

„Nicht nur dat“, erwidert Berni verschmitzt, „sondern zu Panzerschrankverwahrern.“

„Wat soll dat denn heißen?“, krakelt Kalle, „willste dat wir uns die Tresore auf die LKWs packen und irgendwo lagern?“

„Du hast es erfasst, Kalle“, jubelt Berni.

„Aber wo in aller Welt willst du die Panzerschränke lassen?“, wirft Franz bissig ein.

„In der Emscher“, trötet Berni. "“Die wird unsere Panzerschrank-Sparkasse.“

„Du spinnst“, schimpft Franz und zeigt Berni einen Vogel. „Ich find dat eine irre Idee“, freut sich Kalle. „Wer ist so bescheuert und benutzt die Emscher als Lagerplatz für Panzerschränke?“

„Und das Schärfste ist, wir haben immer ein Guthaben auf unserer Panzerschrank-Sparkasse, wenn wir nach und nach die Tresore herausholen und aufschweißen.“

„Warum knackt ihr eigentlich die Tresore nicht direkt vor Ort?“, mischt sich Willi Krause in das Gespräch ein. „Dann könntet ihr den Schotter sofort mitnehmen.“

„Ist im Prinzip richtig, Willi“, erwidert Berni, „hat aber leider einen bösen Haken. Das Aufschweißen der Schränke dauert ziemlich lange. Wenn wir das vor Ort machen, könnten wir von den Wachleuten überrascht werden. Deshalb ist es viel sicherer, die Tresore abzutransportieren und dann in aller Ruhe in unserer Werkstatt aufzuschweißen.“

„Leuchtet mir total ein“, nickt Willi zustimmend. „Ich bin mit von der Partie. Wann holen wir uns den ersten Zaster?“

„In zwei Wochen kann es losgehen“, erwidert Berni, „dann haben wir genug Infos über verschiedene Industrieparks.“

„Wird Zeit, dass wir unsere klammen Kassen aufbessern“, freut sich Kalle. „Wir können sogar noch einen draufsetzen“, prustet Berni. „Wir machen aus jeder Tresor-Knack-Aktion ein

Wettereignis für uns. Wer am besten tippt, wie viel Penunsen im Tresor sind, der hat gewonnen. Der Wetteinsatz pro Schrank beträgt pro Nase 200 Mäuse. Macht bei fünf Mann 1000 Eier. Wer gewinnt bekommt den ganzen Kies, muss aber die Hälfte seines Gewinns an die Bank abdrücken. Die Verlierer müssen das Doppelte ihres Einsatzes bezahlen."

Innerhalb kürzester Zeit nehmen sie auf diese Weise sechzig Panzerschränke in ihre Obhut und deponieren sie in ihrer Fluss-Bank. Ihr Kapital wächst von Woche zu Woche, denn auch ihre Wettleidenschaft ist ungebrochen. Nach nur drei Monaten können sie bereits den ersten neuwertigen Lastwagen kaufen. Das Geschäft floriert. Die Jungs singen das Lied von der Vermehrung der Mäuse. Es könnte so schön sein. So schön. Doch dann beginnt das verdammte andere Mäuschenspiel.

Nach einem der Raubzüge trifft sich die ganze Truppe wieder einmal in ihrem Stammlokal neben der Bude, um ihren Coup gebührend zu feiern. Sie haben den Laden für sich, nur ein paar Leute sind noch da, ganz hinten in der anderen Ecke des Lokals. Die Jungs lassen sich das gute Essen schmecken. Sie kippen sich ordentlich einen hinter die Binde. Die Stimmung steigt. Willi haut ordentlich auf den Putz. Er prahlt mit den tollen Raubzügen. „Reiß das Maul nicht so auf, Willi", fährt ihm Arni in die Parade. „Nicht dat hier einer noch Mäusken spielt und uns verpfeift."

„Wat erzählse für n'n Quatsch", bölkt Willi, „glaubse,

dat mir einer auf dat Maul schaut und mitkriegt, wat ich euch erzähle?"

„Willi hat recht", mischt sich Franz ein, „mach hier mal nich' die Pferde scheu. Schließlich ist dat hier unser Revier. Los Gabi, bring noch n' Lage Bier." Und noch ne Lage und noch ne Lage.

Zwei Tage später ist die Lage fatal. Bullenparade! – Einer nach dem anderen wird abgeführt. „Schöne Scheiße, dat glaubse nich“, jammert Bernie, als die Polizei ihr Stammlokal stürmt und alle verhaftet.

‚Essen sein Satschmo mit Gang im Knast‘, titelt am nächsten Tag die WAZ. Was ist passiert? Wer hat geplappert? Wer ist der Maulwurf? Kalle, du Sau! Willi, du Ferkel! Was ist passiert? Es kommt zur Verhandlung vor Gericht. Zeugen werden befragt. Es gibt keine Zeugen, die etwas gehört, die etwas beobachtet haben. Also, worauf stützt sich die Anklage? In der Gerichtverhandlung stellt sich heraus, dass die gehörlose Verena Meier Mäuschen gespielt hat. Unfreiwillig natürlich. Sie war mit ihrer Freundin Ute auch in diesem Lokal an der Uni gewesen. Eigentlich wollten sie nur ein bisschen miteinander plaudern. Deshalb hatten sie sich in eine ruhige Ecke gesetzt. Dann fiel Verena die Männertruppe auf, die lautstark etwas zu feiern schien. Den Wortführer konnte sie gut sehen. Da tat sie, was sie oft tut, aus Jux und Dollerei – sie spielte Mäuschen. Sie fing an, Willi von seinen Lippen abzulesen, was er den anderen erzählte.

Ihre Augen wurden immer größer. Ihr blieb die Luft weg. Ihr wurde klar, hier feiern ein paar Ganoven ihren geglückten Raubzug. Ihr Gehirn kollabierte: ‚Das ist der Wahnsinn. Das glaubt mir kein Mensch.‘ Die Freundin sagt: ‚Doch! Auch Gehörlose sind Zeugen. Im Moment die Einzigen. Du siehst, was andere nicht sehen. Du musst es tun.‘ ‚Was tun?‘ Am nächsten Morgen geht Verena zur Polizei. Dann wird sie vor Gericht geladen. Sie ist die einzige Belastungszeugin.

Ein kurzer Prozess. Der Richter spricht im Namen des Volkes. Die Taubheit hat gesiegt. Nur Willi will es nicht begreifen. „Hömma Mäusken, dat war nich nett von dir, dat du bei uns Mäusken gespielt hast!“, schreit er in den Gerichtssaal.

Chicago ist überall

'Er war kein Bankdirektor. Er war kein Studierter.
Er war unser Freund mit dem Herz auf dem richtigen Fleck!'

Mit diesen Worten hatten die Freunde ihrem Kumpel Arthur Bilskowsky in ihrer Traueranzeige die letzte Ehre erwiesen.

Arthur gehörte zum harten Kern einer eingeschworenen Gemeinschaft, die es wohl nur im Herzen unserer Republik – sprich dem Ruhrgebiet – gibt. Arthur und seine Kumpel waren im Essener Norden aufgewachsen. Eine tiefe Freundschaft verband sie miteinander. Nach dem Krieg, als überall die Trümmer zu beseitigen waren, da hatten sich ihre Väter aufs Schrottfahren spezialisiert. Und Schrott gab es damals mehr als genug, all die kaputten Fabrikhallen, mit ihren vielen Metallgerüsten, Kupferleitungen und Rohren. Das war ein regelrechtes Paradies zum Spielen und Entdecken für die Nachkriegsjungs. Gleichzeitig waren diese Trümmerhaufen der Geschichte aber auch eine gute Einnahmequelle. Rohstoffe waren nach dem Krieg absolute Mangelware: Deshalb verdienten die Klüngelskerle – wie die Schrotthändler im Volksmund hießen – auch richtig gutes Geld. Wer einen Wagen hatte, anpacken konnte und ein bisschen pfiffig war, konnte sich zwar keine goldene, aber immerhin eine silberne Nase verdienen.

Arthur und seine Freunde mischten schon als Jungs in diesem Geschäft kräftig mit. Von den riesigen Lagerplätzen stibitzten sie hinten einzelne Kupferrollen, die sie vorn für gutes Geld verkauften. Arthur hatte ein besonders gutes Händchen für solche Art von Geschäften. Mit einer Drahtschere bewaffnet schlich er sich von hinten an den Zaun, der um die Schrottbestände einer der größten Lager gezogen war. Er schnitt ein großes Loch in den

Maschendraht, packte sich seine Handkarre voll mit Kupfer. Dann zog er damit auf Umwegen zum Eingang des Schrottplatzes und präsentierte dem Wiegemeister stolz seine Schätze.

»Woher hast du denn das. ganze Zeug?«, fragte Emil Kupsky misstrauisch.

»Wir haben da eine alte Fabrikhalle entdeckt hinter den Segerothfriedhöfen«, antwortete Arthur gelassen.

»Wo denn genau?«, wollte Emil Kupsky wissen.

»Dat weiß ich auch nicht. Mein Bruder hat mir das alles in die Hand gedrückt und gesagt, ich soll's wegbringen«, antwortete Arthur ohne mit der Wimper zu zucken.

»Hör bloß auf«, murrte Emil Kupsky, »dat glaubt dir doch kein Mensch. Dat kannst du deiner Großmutter erzählen, aber mir doch nicht.«

»Also, wenn Sie das Kupfer nicht haben wollen, dann gehe ich zu einem anderen Händler«, erwiderte Arthur selbstbewusst.

»Nein, nein, gib schon her dat Zeug. Wollen mal sehen, wat dat wert ist.«

Als Emil Kupsky das Kupfer auf die Waage legte, staunte er nicht schlecht. Fast zwanzig Kilo hatte ihm der Junge da angeschleppt.

»Dat ist aber eine schöne Stange Geld, die du da verdient hast«, sagte Kupsky, als Arthur mit den 250 Mark abzog. »Mach wat draus!«, schrie er Arthur hinterher, »und verplempere dat Geld nicht einfach!«

Doch er konnte nicht feststellen, ob Arthur ihn noch gehört hatte. So schnell wie möglich hatte der sich mit seinem Handkarren aus dem Staub gemacht. Blut und Wasser hatte er bei dieser Aktion geschwitzt. Hoffentlich fällt denen das riesige Loch im Zaun nicht auf, während ich über den Preis verhandele! Diese bangen Gedanken waren ihm durch den Kopf geschossen. Aber keiner der Platzwächter war angelaufen gekommen. Wie im

Traum wandelnd ging er nach Hause, zählte wieder und wieder das Geld, das er bekommen hatte. 250 neue Deutsche·Mark! Das war ein richtiges Vermögen. Was damit machen? Auf den Kopf hauen und versaufen, dafür war es zu schade. ‚Nein', dachte Arthur, ‚wir gründen eine Firma, unsere eigene Schrotthändlerfirma.'

Zurück in seinem Viertel, trommelte er die Kumpels zusammen. Sie saßen beim Alten von Franz in der Küche. »Wie willst du dat denn anstellen?«, fragte ihn Willy ungläubig, »klar, 250 Mark sind viel Geld; aber das reicht doch nicht, um einen Lkw zu kaufen!«

»Das stimmt«, erwiderte Arthur, »aber das ist unser Startkapital, um die ganze Sache in Gang zu bringen.«

»Du spinnst«, sagte Herbie.·»Lass uns mit der Knete lieber einen draufmachen. Dann haben wir alle was davon.«

»Nein«, protestierte Franz, »ich find, dat is ne tolle Idee, die Arthur da hat. Lass uns die Knete anlegen.« »Wie – anlegen?«, fragte Herbie verdutzt. »Wat heißt dat denn? Willste das Geld zur Bank schleppen, damit et Zinsen bringt? Da fragen die womöglich noch, woher du dat Moos hast!«

»Natürlich nicht«, protestierte Franz, »wir legen die Knete auf unserer eigenen Bank an. Dann bringt das Geld richtig Zinsen.«

»Wat heißt dat denn, auf unserer eigenen Bank. anlegen? «, wollte Willy wissen. »Wir haben doch gar keine Bank!«

»Aber ne Bude haben wir«, sagte Arthur. »Der Vater vom Günner hat doch die Bude, an der wir uns immer treffen. Die Bude ist unsere Bank. Dort wird das Geld hinterlegt, und Günners Vater verwaltet es.«

»Dat ist schön und gut«, sagte Herbie, » aber wie vermehren wir denn die Knete? 250 Mark sind 250 Mark, nicht mehr und nicht weniger. Das Moos vermehrt sich doch nicht von alleine.«

»Natürlich nicht«, erwiderte Arthur. »Die 250 sind sozusagen unser Startkapital. Günners Vater verwaltet es für uns wie eine Art Sparkasse!«

»Das hab‘ ich schon kapiert« meckerte Herbie. »Aber wie wächst die Knete?«

»Indem wir sie wachsen lassen«, antwortete Arthur spitzbübisch. »Ihr knobelt und wettet doch alle gerne. Immer wenn wir jetzt knobeln oder wetten, nehmen wir die 250 als Startkapital und teilen es auf. Wir sind fünf Mann. Also bekommt jeder 50 Emchen. Damit fangen wir an. Jeder, der verliert, muss das doppelte von dem, was er verloren hat, in die Bank einzahlen. Jeder, der gewinnt, muss die Hälfte seines Gewinns an die Bank abdrücken.«

»Moment mal, Moment mal, das kapier ich noch nicht«, polterte Willy dazwischen. »Erst gibst du jedem von uns 50 Eier von der Knete, und dann müssen wir hinterher alles wieder zurückgeben?«

»Klar Mann«, erklärte Günther, »nur so können wir unser Startkapital vermehren. Gewinnste, zahlste die Hälfte von deinem Gewinn und dein Startkapital von 50 Mark zurück. Verlierste, zahlste das Doppelte von dem, wat du verloren hast, in die Bank und den Fuffi zurück.“

»Dat is doch Schwachsinn«, protestierte Herbie. »Da zahl‘ ich doch immer nur drauf!«

»Dat nenn ich echte Kapitalvermehrung«, jubelte Günther. »So wird aus Arthurs Knete in kurzer Zeit richtig viel Geld, mit dem wir etwas anfangen können.«

»Nee, Leute, bei so einem Blödsinn mach ich nicht mit«, bollerte Herbie und zog wutentbrannt ab.

»Der kriegt sich schon wieder ein«, beruhigte Günther die anderen. »Ihr werdet sehen, morgen ist Herbie der Erste, der sein Geld will und nach einer Knobelrunde verlangt.«

»Ich find dat ne geniale Idee«, jubelte Willy. »Lass uns gleich anfangen mit dem Deal. Ich wette um zwanzig Eier, dass Herbie morgen angekrochen kommt und mitmachen will. Wer hält die Wette?«

»Ich«, sagte Arthur, »aber wir haben doch das Geld noch gar nicht verteilt.«

»Dat is mir scheißegal«, röhrte Willy. »Hauptsache ist doch, wir kriegen Penunsen in die Kasse. Wer macht noch mit?«

Sie einigten sich auf 20 Mark Einsatz, alle legten ihr Geld auf den Tisch. Franz, Willy, Artur und Günther.

Da lauerten nun die ersten 80 Deutschmark zur Vermehrung ihres Stammkapitals. Arthur warf 200 Mark von dem Kupferdeal dazu. Jetzt lagen in ihrem ersten Jackpot 280 Mäuse. Sollte Willy seine Wette gewinnen, bekam er alles als Gewinn. 140 plus seine 50 Startkapital gingen davon wieder an die Bank. Die anderen mussten jeweils 40 plus 50 Mark bezahlen.

Als Herbie am nächsten Morgen auftauchte und mitteilte, er hätte sich alles noch einmal überlegt und würde jetzt doch mitmachen wollen, war das Gejohle bei den Kumpels groß. »Du hast uns ein großes Stück nach vorne gebracht«, jubelte Arthur. »Wieso?«, wollte Herbie verdutzt wissen.

»Weil du uns unsere erste Wette beschert hast nach der Gründung unserer Firmenbank«, gab Willy amüsiert zurück. »Dank deiner Dickköpfigkeit bin ich jetzt um 70 Märker reicher.«

»Und wir alle anderen sind um 60 ärmer«, bemerkte Franz kleinlaut.

»Aber das allerwichtigste ist«, rief Arthur, »unser Startkapital hat sich in nur einem Tag von 250 auf 510 Mark erhöht. Das ist doch genial, oder?«

»Jetzt kapier ich überhaupt nix mehr«, schüttelte Herbie verwirrt den Kopf'. »Wie soll dat denn gehen, von 250 auf 510? Dat is doch mehr als doppelt so viel, und dat an einem Tag. Dat ist doch irre. Kann mir dat mal einer erklären?«

»Klar, mach ich, Herbie.« Arthur blieb gelassen und erklärte ihm die Sache mit den 280 Mark im Jackpot. »Kannste dir dat jetzt vorstellen?"

»Kann ich, kann ich«, moserte Herbie. »Ich bin doch nicht blöd!« »Gut«, sagte Arthur. »Jetzt bist du angekommen und hast dich in unseren Deal eingeklinkt; dat heißt, Willy hat die Wette gewonnen. Der kriegt die ganze Knete von 280 Mark. Aber die darf er nicht behalten, sondern muss 140, die Hälfte seines Gewinns, an die Bank bezahlen.«

»Und wat is mit dem Fuffi, den der von der Bank bekommen hat?«, wollte Herbie wissen.

»Gemach, gemach Herbie, dat kommt noch. Also 140 zahlt Willy an die Bank, dazu seine 50, die er gekriegt hat, macht zusammen 190 Eier an die Bank. Und jetzt sind wir dran. Franz, Günner und ich müssen jeder 40 abdrücken und 50 Mark Startkapital; macht pro Nase 90. Kannste noch folgen, Herbie?«

Herbie nickte etwas genervt.

»So, jetzt kommt die Abrechnung. Das ist dat Schärfste. Willy drückt 190 Emchen ab. Wir drücken zusammen 270 ab, macht insgesamt 460; einen Fünfziger hatten wir noch in der Kasse, da du ja nicht mitgemacht hast. Also kommen wir insgesamt auf einen Kontostand von 510 Mark. Das ist doch sagenhaft, oder?«

»Wahnsinn«, stotterte Herbie. »Wahnsinn. Dat is irre, Leute. So wat gibbet doch gar nicht.«

»Doch, so was gibt es nur bei uns«, sagte Günther. »Wir sind die cleversten Burschen, die in der ganzen Stadt rumlaufen. Bei uns ist das Geld sicherer als in jedem Tresor und vor allen Dingen vermehrt sich unsere Knete viel, viel schneller als bei jeder Bank.«

»Leute«, sagte Herbie, »darauf müssen wir einen nehmen. Kommt, ich schmeiß ne Runde.«

Dieser denkwürdige Tag bekräftigte eine lange Freundschaft von jungen Männern aus dem Essener Norden. Dank ihres Geschäftssinns, ihrer Schlitzohrigkeit und Tüchtigkeit hatten sie das Startkapital von 250 Mark nach gut zwölf Monaten mehr als verhundertfacht, so dass sie sich ihren ersten Lkw mit Kranaufsatz, natürlich gebraucht, kaufen konnten. Die Sache mit dem Schrott florierte und aus den Jungs von damals wurden Geschäftsleute, denen man so schnell kein X für ein U vormachen konnte. Natürlich waren die fünf auch weiterhin keine Kinder von Traurigkeit. Sie zockten und durchzechten manche Nacht, machten Geschäfte, die sich am Rande der Legalität bewegten. Eines schweißte sie wie Pech und Schwefel zusammen, ihre Bude, an der sie sich fast täglich nach der Arbeit trafen, um miteinander zu klönen und einen zu trinken. Ihr Startkapital von 250 Mark bewahrte Günthers Vater immer noch in der Bude auf. Damit hatte alles angefangen!

Arthurs Tod bedeutete für die ganze Truppe einen herben Verlust, denn ihm hatten sie es zu verdanken, dass ihre so erfolgreiche Firmengeschichte zu Stande gekommen war. Deshalb war die Todesanzeige, die sie für ihn veröffentlichten, eine tief empfundene Würdigung und Ehrung für einen großartigen Freund.

»Er war kein Bankdirektor«, so hatten sie geschrieben. In gewisser Weise war er aber doch einer gewesen. Einer, der nicht nur das Kapital seiner Mitstreiter vermehrt, sondern auch ihre Herzen erobert hatte. »Er war kein Studierter. Er war unser Freund mit dem Herzen auf dem richtigen Fleck. Wir haben einen wertvollen Freund verloren. In unseren Herzen wirst du ständig weiter leben.«

Nachtbeichte

Voller Verzweiflung irrte Horst Stelzer durch die nächtlichen Straßen von Brüssel. Dunkle Nebelschwaden durchzogen die Stadt und verliehen ihr dadurch etwas geradezu Gespenstisches. Der einsetzende Nieselregen kroch in alle Poren seines Körpers. Er begann zu frösteln, äußerlich und innerlich. Seine Seele war tief verwundet. Am liebsten hätte er laut aufgeschrien. Aber seine Kehle war wie zugeschnürt. Verzweifelte Fragen schossen ihm durch den Kopf: „An wen soll ich mich in meiner Not wenden? Wem kann ich mich anvertrauen?“ Plan- und ziellos rannte Horst Stelzer immer schneller. Er wollte diesem Wahnsinn, den er erlebt hatte, entfliehen. Aber es gelang ihm nicht.

Wie ein waidwundes Tier suchte er einen Ort, wo er sich zurückziehen konnte. Plötzlich stand er vor einer großen Kathedrale. Er stürmte die Treppe hinauf zum Eingangsportal. Als er die Klinke hinunterdrückte und an der Tür rüttelte rührte sie sich keinen Zentimeter. Tief enttäuscht sank er in sich zusammen und ließ sich auf den Kirchentreppen nieder. Mit ausdruckslosen Augen starrte er auf den nebelverhangenen Kirchplatz. Sein Blick blieb an der hell erleuchteten Telefonzelle hängen, die mitten auf dem Platz stand. „Ist das ein Zeichen?“, schoss es ihm durch den Kopf.

Erinnerungen an längst vergessen geglaubte Bilder aus seiner Kindheit und Jugend stiegen in ihm auf. Damals war die Kirche in Kevelaer am Niederrhein für ihn ein Ort tiefer Geborgenheit und lebendiger Gemeinschaft gewesen. Als Messdiener hatte er an vielen Wallfahrten teilgenommen. Jedes Mal war es für ihn ein erhebendes Gefühl gewesen, mit der großen Pilgerschar unter dem Jubel der Einwohner in die Stadt einzuziehen. Besonders ergreifend war für ihn der Augenblick, wenn sie die lichtdurchflutete Kerzenkapelle betraten, dort ihre eigene Kerze aufstellten und miteinander Messe feierten.

Horst war bei diesen Pilgerfahrten immer wie beseelt. Er hatte das unbeschreiblich schöne Gefühl, in eine andere Welt einzutauchen und das Wunder des Glaubens zu erleben. Seinem Pastor blieb dies nicht verborgen. Deshalb nahm er Horst an die Seite und sagte zu ihm: „Horst, ich spüre deine große Ergriffenheit, wenn wir auf Wallfahrt gehen, und ich freue mich sehr darüber. Doch an Gott zu glauben, bedeutet mehr als Momente frommer Ergriffenheit zu erleben. Viel wichtiger ist es, darauf zu vertrauen, dass Gott uns nie fallen lässt, selbst wenn wir ganz tief gefallen sind. Du kannst dich ihm in allen Lebenssituationen anvertrauen und sicher sein, er trägt und hält dich. Oft schenkt er uns sogar ein Zeichen der Ermutigung, wenn wir keinen Lichtblick mehr am Horizont sehen.

Viele Menschen, die Kevelaer besuchten, haben in der Beichtkapelle erfahren, dass hier die wahren Wunder geschehen."

Zunächst hatte er überhaupt nicht verstanden, was der Pastor ihm damit sagen wollte. Doch als er seine erste schlimme Erfahrung mit dem Drogenkonsum machte und erlebte, wie der Pastor von Kevelaer ihm durch die Beichte eine neue Perspektive eröffnete, da begriff er die Worte seines eigenen Pfarrers.

Daran erinnerte sich Horst jetzt voller Dankbarkeit als er auf der nasskalten Kirchentreppe mitten in Brüssel saß. Er kramte sein altes Adressbuch heraus und durchblätterte es hektisch. Vage konnte er sich noch daran erinnern, sich damals die Telefonnummer des Pastors von Kevelaer aufgeschrieben zu haben. „Für alle Fälle", meinte er seinerzeit. Aber seinen Namen wusste er nicht mehr genau. Einem Geistesblitz folgend schlug einfach die Seite mit dem Buchstaben B auf. Unter dem Stichwort Beichte stand tatsächlich eine Nummer und dahinter hatte er geschrieben ‚Bernhard Kleinhaus, Pastor in Kevelaer'.

„Ich muss ihn anrufen! Ich muss ihn anrufen!", hämmerte es in seinem Gehirn. Ohne lange zu überlegen, sprang er auf und lief die Treppe hinunter über den Kirchplatz bis zur Telefonzelle. Ruckartig riss er die Tür auf. Als er den Hörer in der Hand hielt, packe ihn das blanke Entsetzen. Wie ein lebloser Ast baumelte das abgerissene Kabel hin und her. Voller Ärger schlug er mit dem abgerissenen Hörer mehrmals auf die Gabel des Telefons. Wutentbrannt verließ er die Zelle und rannte so schnell er konnte zur gemeinsamen Wohnung zurück AIs er dort ankam, war es mittlerweile kurz vor 2 Uhr nachts. Alle Kampfgenossen und -genossinnen schliefen tief und fest. „Ich kann es wagen", machte er sich selber Mut. Er setzte sich im Wohnzimmer auf die Couch und wählte die Nummer von Pastor Kleinhaus. Das Klingeln dröhnte in seinen Ohren. Es kam ihm wie eine Unendlichkeit vor, bis er endlich anderen Ende die Stimme des Pfarrers hörte. „Pastor Kleinhaus, was gibt es mitten in der Nacht?"

„Ich will beichten, Herr Pastor", stieß Horst hervor.

„Hat das nicht Zeit bis morgen?", fragte Pfarrer Kleinhaus.

„Auf keinen Fall", erwiderte Horst Stelzer. „Ich habe so große Schuld auf mich geladen, dass meine Seele davon fast ganz erdrückt wird."

„Am Telefon kann ich Ihnen die Beichte eigentlich nicht abnehmen. Können Sie nicht persönlich vorbeikommen?"

„Das geht leider nicht. Ich sitze hier in Brüssel in einer konspirativen Wohnung der RAF."

„...Habe ich das richtig verstanden?", fragte Pastor Kleinhaus nach, „Sie sind ein RAF-Terrorist?"

„Genauso ist es leider Gottes", bestätigte Horst.

„Wieso wollen Sie ausgerechnet bei mir Ihre Beichte ablegen?", wollte Pastor Kleinhaus wissen.

„Weil Sie mir in meiner Jugend einige Male geholfen haben", erwiderte Horst Stelzer. „Ich habe als Messdiener unserer Pfarre oft an den Wallfahrten nach Kevelaer teilgenommen. Als ich wegen Drogenmissbrauch mit dem Gesetz in Konflikt geraten bin, haben sie mir einige Male die Beichte abgenommen. Das hat mir immer unglaublich gutgetan und mir die Augen für eine Abkehr von diesem falschen Weg geöffnet."

„Scheinbar bist du aber danach auf einen viel unheilvolleren Weg geraten", gab der Pastor zu bedenken.

„Das ist in der Tat so", gestand Horst kleinlaut. „Daran gibt es nichts zu beschönigen."

„Du weißt", mahnte der Pastor, „dass die Erleichterung deines Gewissens nur die eine Seite der Medaille bei der Beichte ist, die andere bedeutet, wirklich umzukehren von seinem falschen Weg."

„Das ist mir absolut bewusst, Herr Pastor."

„Bist du dazu wirklich bereit?", fragte Pastor Kleinhaus eindringlich.

„Ja, das ist mein fester Vorsatz!", bekräftigte Horst.

„Dann werde ich dir die Beichte abnehmen", sagte Pfarrer Kleinbaus feierlich.

„Wo soll ich anfangen?", fragte Horst.

„Am besten damit, wie du überhaupt in diese üblen Kreise geraten bist", ermutigte ihn Pfarrer Kleinhaus.

„Ich bin diesen Leuten zum ersten Mal in dem Erziehungsheim bei Marburg begegnet, in das ich vom Jugendgericht eingewiesen wurde. Gudrun Ensslin, Andreas Baader und Ulrike Meinhof besuchten unsere Einrichtung im Rahmen ihres Studiums, um sich mit der Situation gefährdeter Jugendlicher auseinanderzusetzen. Sie waren schockiert über die miserablen Zustände in unserem Heim. Voller Überzeugung erzählten sie uns von ihren

Ideen, die Arbeiterklasse von der Unterdrückung durch die Herrschenden zu befreien.

Mich hat das alles sehr angesprochen, weil ich mich in dieser Erziehungsanstalt total unfrei und unterdrückt fühlte. Kurz nach dem Besuch der Studenten bin ich aus dem Heim abgehauen. Ich wollte mich dieser Bewegung zur Befreiung der Arbeiterklasse anschließen. Doch die Mitglieder der Gruppe hielten mich anfangs für zu jung, da ich erst 17 Jahre alt war. Aber ich ließ einfach nicht locker. Ich wollte mitmachen und dazugehören. Koste es, was es wolle. Deshalb habe ich all die Jobs übernommen, die keiner tun wollte. Ich habe zum Beispiel die Autos für unsere Einsätze geklaut. Nach und nach erarbeitete ich mir die Anerkennung und das Vertrauen der Gruppe. Endlich hatte ich das Gefühl, wieder irgendwo hinzugehören und wirklich etwas bewegen zu können. Für mich gab es keinen Zweifel darüber, dass wir für eine gute und gerechte Sache kämpften. Mit glühendem Eifer übernahm ich alle Aufgaben, die mir angetragen wurden. Ich entwickelte mich zu einem richtigen Waffen- und Sprengstoffexperten. Die Feinde unserer gerechten Sache mussten mit allen Mitteln bekämpft werden. Davon war ich fest überzeugt. Unsere Anschläge auf die Mächtigen der Republik waren die legitime Antwort auf die strukturelle Gewalt der Unterdrückung des Volkes durch das kapitalistische System.

‚Diese Gesellschaft ist durch und durch korrupt, wir müssen sie mit allen Mitteln bekämpfen', das sagten wir uns immer als Selbstrechtfertigung. Unsere Parole lautete: ‚Lasst uns sie so empfindlich treffen, dass ihr wahres Gesicht zum Vorschein kommt, die Fratze von Ausbeutung der Massen und Unterdrückung der Arbeiterklasse.'

Manche von uns redeten sich dabei richtig in Rage und forderten: ‚Denkt an die Worte Maos: Zwischen uns und dem Feind einen klaren Trennungsstrich ziehen.‘ Wir hatten das fast berauschende Gefühl, diese Gesellschaft revolutionieren zu können.

Doch dann passierte etwas absolut Schockierendes für uns. Die führenden Köpfe unserer Bewegung wurden verhaftet. Zunächst waren wir wie gelähmt. Aber dann erwachte unser Kampfgeist wieder. Einstimmig wurde der Entschluss gefasst, unsere Genossen durch eine Geiselnahme freizupressen. Als Opfer hatten wir uns den Arbeitgeberpräsidenten Hanns Martin Schleyer ausgesucht. Ich bereitete diese Aktion logistisch vor. Am Nachmittag des 5. September stoppte unser Entführungskommando die Wagenkolonne Schleyers in der Nähe von Köln. Die Kampfgenossen erschossen den Fahrer und die drei Polizisten, die im Begleitfahrzeug saßen. Alles lief wie geplant ab. Schleyer wurde im Kofferraum eines Fahrzeugs in eine konspirative Wohnung gebracht. Wir waren davon überzeug, mit Schleyer haben wir ein so bedeutendes Faustpfand in der Hand, um den Staat total unter Zugzwang bringen zu können. Leider haben wir uns furchtbar getäuscht. Die Regierung ging nur scheinbar auf unsere Forderungen ein. Sie spielte total auf Zeit und hielt uns nur hin. Je länger dieses Geiseldrama dauerte, desto gereizter wurde die Stimmung unter uns. Anfangs verhörten wir Hanns Martin Schleyer regelrecht. Wir wollten ihn entlarven und ihm den Spiegel vorhalten als einem der Spitzenleute dieses kapitalistischen Ausbeutungssystems. Doch im Laufe der Zeit kippten die Gespräche vollkommen um. Plötzlich waren wir diejenigen, die Schleyer ihre Lebensgeschichten erzählten. Seine Persönlichkeit beeindruckte uns so stark, dass wir uns genötigt sahen, ihm gegenüber zu begründen, warum wir in den Terrorismus gegangen oder geraten sind. Manchmal redeten wir die ganze Nacht mit ihm. Dabei entstand bei einigen von uns eine regelrechte Sympathie für Schleyer. Das führte zu großen Spannungen in unserer Gruppe, da einigen von uns und vor allem mir immer größere Zweifel am Sinn unseres gewaltsamen Kampfes beschlichen, während die Hardliner ständig das Feindbild beschworen. Mit ideologischen Kampfparolen sollten wir wieder auf Kurs gebracht werden: ‚Zerstört das korrupte System des Kapitalismus. Macht kaputt, was euch kaputt macht. Bekämpft gnadenlos die Imperialisten, weil sie die Arbeiterklasse brutal ausbeuten. Führt Krieg gegen die Paläste, schafft Frieden für die Hütten.'

Doch ich glaubte nicht mehr an den Wahrheitsgehalt solcher Parolen. Das sagte ich auch ganz unverblümt und fragte kritisch, ob nicht schon genug Blut geflossen sei. Das brachte die anderen so richtig in Rage. ‚Du bist ein sentimentales Weichei', beschimpften sie mich. ‚Wir dürfen den Imperialisten nicht kampflos das Feld überlassen. Wer nicht für uns ist, ist gegen uns und muss liquidiert werden', so tönten sie. Doch je länger diese zermürbende Geiselnahme dauerte, desto klarer wurde den meisten von uns, dass die Regierung hart bleiben würde. Deshalb lagen unsere Nerven blank und wir zerfleischten uns gegenseitig. In unserer ersten Kommandoerklärung vom 5.9.1977 hatten wir vollmundig geschrieben: ‚An die Bundesregierung. Sie werden dafür sorgen, dass alle öffentlichen Fahndungsmaßnahmen unterbleiben, oder wir erschießen Schleyer sofort, ohne dass es zu Verbandlungen über seine Freilassung kommt.'

Hanns Martin Schleyer war sich über den Ernst seiner Lage sehr schnell bewusst und begriff, dass sein Leben an einem seidenen Faden hing. Deshalb wandte er sich in einer Videoaufzeichnung mit einem beindruckenden Appell an die deutsche Regierung, endlich mit uns ernsthafte Verhandlungen über die Bedingungen seiner Freilassung aufzunehmen. Er mahnte die tief erschütterte Öffentlichkeit an, ihn, der sich immer für die freiheitliche Demokratie eingesetzt hatte, jetzt nicht ausgerechnet dafür zu opfern.

Doch Schleyers verzweifelter Aufruf zeigte keine spürbare Wirkung. Die Regierung hielt uns nur hin, war aber nicht gewillt, unsere Forderungen zu erfüllen. Das erhöhte den Druck auf uns immer mehr. Mit jedem Ultimatum, das die Regierung verstreichen ließ, wurde uns klar, dass wir Schleyer nicht lebend davonkommen lassen konnten.

Etwa drei Wochen nach Beginn der Entführung entschied unsere RAF-Führungsgruppe, dass alle nicht in Europa benötigten Mitglieder sich in den Nahen Osten absetzen sollten.

Wir brachten Hanns Martin Schleyer von Den Haag über die belgische Grenze in eine Hochhauswohnung nach Brüssel. Uns allen war klar, jetzt musste etwas Spektakuläres geschehen, um die Regierung in die Kniee zu zwingen. Zwei Tage später stimmten wir der ‚Unterstützungsaktion' durch die ‚Volksfront zur Befreiung Palästinas' zu. Da die Palästinenser diese Aktion bereits vorbereitet hatten, entführten sie am 13.Oktober die Lufthansa-Maschine LANDSHUT mit 91 Passagieren auf dem Weg von Mallorca nach Frankfurt. Am 14.Oktober spielten wir unsere Presse-Erklärung zur Entführung der LANDHUT den Medien zu. Wir setzten darin die Regierung unter Druck: ‚Wir haben Helmut Schmidt jetzt genug Zeit gelassen' schrieben wir, ‚um zu einer Entscheidung zu finden, zwischen der amerikanischen Strategie der Vernichtung von Befreiungsbewegungen in Westeuropa und der dritten Welt und dem Interesse der Bundesregierung, den zur Zeit für sie wichtigsten Wirtschaftsmagnaten eben für diese imperialistische Strategie nicht zu opfern.'

Wir forderten ultimativ die Freilassung unserer elf Gefangenen bis zum Sonntag, den 16. Oktober. Sollte das nicht geschehen, würden wir Schleyer erschießen.

Doch die Bundesregierung reagierte ganz anders als wir uns das ausgerechnet hatten. Statt in ernsthafte Verhandlungen mit uns einzutreten, beauftragte sie die Spezialeinheit Grenzschutzgruppe 9, die GSG 9, damit, die LANDSHUT zu verfolgen. Sie sollte das Flugzeug stürmen, unsere palästinensischen Kampfgenossen ausschalten und Passagiere und Besatzung befreien. Davon wussten wir natürlich nichts. Doch wir spürten sehr schnell, dass die Regierung entschlossen war, uns mit unnachgiebiger Härte zu begegnen.

Am 15. Oktober verhinderten Bundesregierung und Bundeskriminalamt die Übergabe des Lösegeldes durch den Sohn von Hanns Martin Schleyer.

Als unsere palästinensischen Freunde am 16. Oktober mit der LANDSHUT in Aden, der Hauptstadt des Südjemens, landeten, erhofften sie sich Unterstützung von der jemenitischen Regierung. Doch auf Drängen der Bundesregierung verweigerte ihnen die jemenitische Regierung das Aufenthaltsrecht und forderte den Weiterflug der Maschine. Das war für unsere palästinensischen Mitstreiter ein Schlag ins Gesicht. Wutentbrannt entschlossen sie sich, ein grausames Exempel zu statuieren. Sie erschossen als Vergeltung den Flugkapitän Jürgen Schumann und warfen ihn wie einen toten Gegenstand auf die Startbahn. Diese schockierende Tat versetzte die Geiselopfer im Flugzeug in Angst und Schrecken, da Kapitän Schumann in dieser bedrückenden Lage ein ruhender und ausgleichender Pol gewesen war. Die Bilder von dieser barbarischen Tat gingen um die ganze Welt. Wenn jemand von uns bis dahin noch geglaubt hatte, wir könnten dieses eskalierende Szenario zu unseren Gunsten entscheiden, dann wurde der bald eines Besseren belehrt.

Am 17. Oktober landete die Lufthansa-Maschine im somalischen Mogadischu. In Absprache mit der dortigen Regierung versicherte Jürgen Wischnewski, der Sonderbeauftragte der Bundesregierung, uns glaubhaft, dass der Austausch der Passagiere gegen unsere Gefangenen in Kürze durchgeführt werden könnte. Doch gleichzeitig bereitete die Sondereinheit GSG 9 die Stürmung der Maschine vor. Gegen 0.05 Uhr mitteleuropäischer Zeit stürmten sie das Flugzeug, erschossen bis auf eine Frau alle Entführer und befreiten die Geiseln. Die Welt atmete erleichtert auf. Aber für uns brach eine Welt zusammen. Wir waren auf der ganzen Linie gescheitert. Wir hatten eine entscheidende Schlacht, wenn nicht sogar den Krieg gegen den imperialistischen Staat verloren. Unsere Führungsriege im Gefängnis reagierte mit selbstzerstörerischer Konsequenz. In der Nacht vom 17. auf den 18. Oktober 1977 begingen Andreas Baader, Gudrun Ensslin und Jan-Carl Raspe Selbstmord. Nur Irmgard Möller überlebte als einzige schwer verletzt ihren Suizidversuch. Mit diesem Fanal der Selbstvernichtung hatten unsere Gefangenen das tragische Schicksal von Hanns Martin Schleyer besiegelt.

Am 18.Oktober beschlossen wir in Brüssel vom ‚Kommando Siegfried Hausner' gemeinsam mit den Kampfgenossen in Bagdad einstimmig, Hanns Martin Schleyer zu erschießen.

Die Umsetzung dieses grausamen Urteils fiel uns viel schwerer als wir geglaubt hatten. Wir schauten uns gegenseitig etwas ratlos an. Die Frage lag in der Luft: ‚Wer teilt Hanns Martin Schleyer das Todesurteil mit?' Niemand fand den Mut, vor diesen außergewöhnlichen Mann hinzutreten und ihm ins Gesicht zu sagen, dass er morgen sterben muss. Fast sechs Wochen hatten wir ihn in unserer Gewalt gehabt. Unzählige Gespräche führten wir mit ihm in dieser Zeit. Auch wenn wir es voreinander nicht offen zugeben wollten, Hanns Martin Schleyer hatte uns mit seiner starken Persönlichkeit tief beindruckt. Er verkörperte eben nicht die Fratze des bösen menschenverachtenden Kapitalismus, sondern er war ein Mensch mit klaren und menschenfreundlichen Überzeugungen. Trotzdem musste dieser Mann jetzt erschossen werden.

Doch wer sollte das Urteil vollstecken? Keiner von uns rührte sich. Jeder hoffte, dieser bittere Kelch würde an ihm vorübergehen. Die fast unerträgliche Spannung war mit Händen zu greifen. Niemand wollte zum Henker werden. Es mag absurd klingen, aber wir haben das Los entscheiden lassen. Keiner wollte alleine die Verantwortung übernehmen. Deshalb entschieden wir, dass drei von uns sechs gemeinschaftlich die Liquidierung Schleyers vollziehen sollten. Wir legten sechs Zettel in einen Korb und zogen jeder einen heraus. Voller Entsetzen las ich das L für Liquidierung auf meinem gezogenen Stück Papier. Damit war ich einer der drei Henker, ob ich wollte oder nicht. Mir war klar, ein Zurück gibt es für mich nicht mehr. Wenn ich mich weigern würde, das Urteil zu vollstrecken, würde ich selbst dran glauben müssen.

In dieser Nacht belauerten wir uns gegenseitig wie wilde Tiere bei der Beutejagd. Keiner ließ den Anderen aus den Augen. Niemand wollte sich eine Blöße geben. ‚Das ziehen wir jetzt durch', diese unausgesprochene Parole beherrschte uns. Als es draußen dämmerte, atmeten wir fast erleichtert auf. Wir weckten Hanns Martin Schleyer und baten ihn, sich anzuziehen. Ruhig und gefasst bestieg er das Auto, mit dem wir ihn zu einem Waldstück kurz hinter die belgisch-französische Grenze fuhren. Die Fahrt hatte etwas Gespenstisches. Niemand von uns wagte es, das Wort an ihn zu richten. Auch Hanns Martin Schleyer schwieg. Er wusste wie wir, was jetzt geschehen würde. Verzweifelt suchte er den Augenkontakt zu mir. Doch ich wagte es nicht, ihn anzuschauen.

Als wir das Waldstück erreichten, stiegen wir hastig mit ihm aus. Bevor wir ihm die Augen verbanden, blickte er uns alle noch einmal eindringlich an und sagte voller Bitterkeit: ‚Ihr wisst nicht, was ihr tut.' Dann kniete er sich mit dem Rücken zu uns nieder und erwartete gefasst die Vollstreckung des Todesurteils. Wir traten an ihn heran. Zitternd hielt ich wie die anderen Beiden meine Pistole an seinen Kopf. ‚Soll ich wirklich abrücken?', hämmerte es in meinem Gehirn. Dann hörte ich den ohrenbetäubenden Knall des ersten und zweiten Schusses und drückte reflexartig selbst ab. Hanns Martin Schleyer sank leblos in sich zusammen und fiel nach vorne auf sein Gesicht. Ich hielt die Pistole wie einen Fremdkörper in meiner Hand. Dann schleuderte ich sie weg. Die Anderen starrten mich entgeistert an. ‚Bist du wahnsinnig?!', schnauzte mich ein Kampfgenosse an. ‚Stell dir vor, die Bullen finden die Waffe hier!'

‚Das ist mir scheißegal', schrie ich. ‚Dieses Morden muss ein Ende haben.'

‚Beruhige dich, Horst', versuchten die Anderen mich zu beschwichtigen.

‚Ich will mich nicht beruhigen', polterte ich zurück. ‚Ich will endlich raus aus dieser Welt des Irrsinns und des Terrors, sonst gehe ich kaputt dabei.'

‚Wir fahren jetzt mit dir zurück in die Wohnung', boten sie mir an. ‚Dort reden wir noch einmal über alles. In drei Tagen taucht jeder für sich alleine unter, bis sich die Wogen etwas geglättet haben.'

Schleyers Ermordung hatte mir endgültig die Augen dafür geöffnet, dass unser Weg der gnadenlosen Gewalt und des unbarmherzigen Terrors falsch war. Leider sahen das meine sogenannten Kampfgenossen ganz anders. Sie entwarfen unmittelbar nach der Erschießung Schleyers eine letzte martialische Kommandoerklärung, die sie am Nachmittag des 19. Oktobers der französischen Zeitung Liberation zuspielten. Dort schrieben sie voller Hass: ‚Wir haben nach 43 Tagen Hanns Martin Schleyers klägliche und korrupte Existenz beendet. Herr Schmidt, der in seinem Machtkalkül von Anfang an mit Schleyers Tod spekulierte, kann ihn in der Rue Charles Peguy in Mulhouse in einem grünen Audi 100 mit Bad Homburger Kennzeichen abholen. Für unseren Schmerz und unsere Wut über die Massaker von Mogadischu und Stammheim ist sein Tod bedeutungslos.

Andreas, Gudrun, Jan, Irmgard und uns überrascht die faschistische Dramaturgie der Imperialisten zur Vernichtung der Befreiungsbewegungen nicht. Wir werden Schmidt und der daran beteiligten Allianz diese Blutbäder nie vergessen. Der Kampf hat erst begonnen! Freiheit durch bewaffneten antiimperialistischen Kampf! Kommando Siegfried Hausner.'

Als ich diese hasserfüllten Worte las, wusste ich, ich will nicht mehr länger Hass predigen und vor allen Dingen will nicht mehr Gewalt und Zerstörung über die Menschen bringen. Die Schuld, die ich in meinem Leben auf mich geladen habe, ist so groß, dass sie mich zu erdrücken droht. Meine Seele ist zutiefst vergiftet von Hass, Gewalt und Zerstörung. Niemand außer Gott selbst kann mir meinen Frieden wiedergeben. Nur er kann mir die furchtbaren Sünden vergeben, die ich begangen habe.

Deshalb bitte ich Sie, Herr Pastor, inständig um die Vergebung meiner Schuld im Namen unseres gütigen und barmherzigen Gottes."

„Du verlangst etwas nahezu Unmögliches von mir", erwiderte Pfarrer Kleinhaus. „Ich habe dir lange und geduldig zugehört. Ich erkenne durchaus dein ernsthaftes Bemühen, dich deiner riesigen Schuld zu stellen, die du auf dich geladen hast. Aber ich bin mir nicht sicher, ob du für dich wirklich die Güte und Vergebungsbereitschaft Gottes in Anspruch nehmen kannst."

„Aber Sie haben doch immer gesagt, ich kann mich in jeder Situation Gott anvertrauen, selbst dann, wenn ich ganz tief gefallen bin."

„Das stimmt auch“, antwortete Pastor Kleinhaus. „Ich vertraue darauf, dass Gottes Bereitschaft, dir zu vergeben und dich als reuigen Sünder anzunehmen, größer ist als all deine Schuld. Deshalb frage ich dich: Bekennst du dich zu deiner übergroßen Schuld, die du begangen hast, bereust du sie aus ehrlichem Herzen und begehrst du Vergebung um Jesu Christi willen?“

„Ja ich bekenne mich zu meiner unsäglichen Schuld. Ich bereue sie aus tiefstem Herzen und bitte Gott, er möge mir um Jesu Christi willen die Vergebung schenken.“

„Wenn dies dein aufrichtiges Bekenntnis ist, so spreche dich los von deinen Sünden im Namen des Vaters und des Sohnes und des Heiligen Geistes.“

„Herr Pastor, ich danke ihnen von Herzen. Sie haben mir eine gewaltige Last von den Schultern genommen.“

„Danke nicht mir, sondern danke Gott für seine grenzenlose Güte und unüberbietbare Vergebungsbereitschaft. Außerdem mach dir Gedanken darüber, wie du ein deutliches Zeichen der Umkehr von der Gewalt und Zerstörung setzen willst. Das Beste wird sein, du stellst dich der Polizei.“

„Ich glaube nicht, dass ich den Mut dazu habe. Aber ich werde mir ernsthaft überlegen, wie ich meine Abkehr vom Weg der Gewalt zum Ausdruck bringen kann.“

„Möge Gott dich dabei weise leiten und dich behüten und begleiten. Ich wünsche dir jetzt eine gute Nacht. Gott segne dich.“

„Danke, danke“, stammelte Horst. „Sie haben mir mehr geholfen als ich es für möglich gehalten habe.“

Als Horst den Hörer wieder auf die Gabel gelegt hatte, starrte er minutenlang wie in Trance auf das Telefon. Er konnte noch gar nicht recht fassen, was gerade passiert war. Mitten in diesen Wahnsinn des Terrors war wie von einem anderen Stern ein

Lichtstrahl der Hoffnung in sein verdunkeltes Leben hineingekommen. „Hiermit sage ich mich von der Gewalt los", legte er einen Schwur vor sich selbst ab.

Mit diesem festen Vorsatz ging er zu Bett und schlief sofort tief und fest ein. Drei Tage später verließ die Entführer-Truppe die konspirative Brüsseler Wohnung. Um keine Spuren zu hinterlassen, teilten sie alles untereinander auf und tauchten jeder für sich unter. Horst hatte in der Wohnung einer alten Bekannten in der Nähe von Düsseldorf einen Unterschlupf gefunden. Glücklicherweise hatte sie ihm einen Schlüssel überlassen, war aber selbst für einen Studienaufenthalt für ein halbes Jahr ins Ausland gegangen.

Je länger er in dieser ‚sauberen Wohnung' saß, desto mehr quälte ihn die Frage, wie er ein Zeichen der Umkehr setzen könnte. Als er den Fernseher einschaltete, wurde gerade eine Messe aus der Beichtkapelle in Kevelaer übertragen. Die Gottesdienstbesucher schrieben all das, was sie an Schuld und Versagen begangen hatten, auf Steine. Diese brachten sie nach vorne und legten sie auf den Altar. Dann sprach jeder seine Schuld laut aus und rief: „Herr, erbarme dich über mich!"

„Das ist mein Zeichen!"; jubelte Horst innerlich. Er rannte ins Schlafzimmer und holte aus dem Schrank die Maschinenpistole, die er aus Brüssel mitgenommen hatte. Sorgfältig verstaute er sie in seiner kleinen Reisetasche. Zügig verließ er die Wohnung, stieg in das Auto seiner Bekannten und fuhr nach Kevelaer. Dort stellte er den Wagen auf dem großen Parkplatz eines Supermarktes ab. Langsam schlenderte er durch die Hauptstraße Richtung Kapellenplatz. Beim Anblick des hochaufragenden Turmes der Basilika durchströmte ihn ein regelrechtes Glücksgefühl.

„Jetzt bin ich wieder zu Haus", schoss es ihm durch den Kopf. Mit sicheren Schritten strebte er auf die Beichtkapelle zu. Als er sie betrat, war sie menschenleer. Zielstrebig ging er auf den

Altar zu, öffnete seine Tasche, nahm die ungeladene Maschinenpistole heraus und legte sie auf die Altardecke. Dann verließ er schnellen Schrittes die Kapelle und suchte die nächstgelegene Telefonzelle auf. Hastig wählte er die Nummer von Pastor Kleinhaus. Leider erreichte er nur die Pfarrsekretärin. „Bitte sagen Sie dem Pastor, ich habe mein Zeichen gegeben. Er findet es in der Beichtkapelle."

„Was soll das heißen?", fragte die vollkommen verdutzte Sekretärin. „Wer sind Sie überhaupt? Darf ich Ihren Namen erfahren"?

„Mein Name ist unwichtig", erwiderte Horst Stelzer. „Was zählt ist das, was ich jetzt getan habe. Bitte grüßen Sie den Pastor herzlich von mir und sagen ihm, der Mann aus Brüssel hat sein Zeichen gesetzt. Dann weiß er Bescheid. Auf Wiederhören." Erleichtert verließ Horst die Telefonzelle Richtung Parkplatz.

Als er im Auto saß, wusste er, was jetzt noch zu tun war.

Anita Mühlscheid, die Pfarramtssekretärin, wählte aufgeregt die Telefon-Nummer des Seniorenheims, wo Pastor Kleinhaus einen Krankenbesuch machte. Frau Mühlscheid schilderte kurz diesen merkwürdigen Anruf, den sie gerade erhalten hatte.

„Bitte gehen Sie sofort in die Beichtkapelle", bat der Pastor.

„Falls Sie dort etwas Ungewöhnliches finden, rufen Sie mich wieder an. Ich bin in ungefähr zwanzig Minuten im Priesterhaus."

Frau Mühlscheid betrat mit bangem Herzen die Beichtkapelle. Zuerst fiel ihr nichts Ungewöhnliches auf. Doch als sie auf den Altar zuging und die Maschinenpistole erblickte, rutschte ihr vor Schreck fast das Herz in die Hose. Sie musste sich sehr beherrschen, um nicht vor Entsetzen laut loszuschreien. Sofort drehte sie auf dem Absatz um, lief ins Priesterlaus zurück und rief Pastor Kleinbaus an. „Herr Pastor, Herr; Pastor", stammelte sie, „es ist schrecklich, was ich in der Beichtkapelle gesehen habe.

Dort liegt eine richtige Maschinenpistole auf der Altardecke. Ich habe sie nicht angerührt. Wissen Sie, was das bedeutet?"

„Ich habe eine Vermutung", antwortete Pastor Kleinhaus. „Bitte schließen Sie die Kapelle sofort ab. Außerdem informieren Sie bitte die Polizei. Ich bin in Kürze auch da." Zeitgleich mit dem Pfarrer trafen die Kommissare Martin Schonert und Ute Sunnus am Priesterhaus ein. Gemeinsam gingen sie zur Beichtkapelle und fanden diesen merkwürdigen ‚Altarschmuck'.

„Ich habe schon viel gesehen" kommentierte Martin Schonert, „aber eine Maschinenpistole auf dem Altar ist mir noch nicht untergekommen. Haben Sie, Herr Pastor, eine Erklärung dafür?"

„Damit hat jemand sein Zeichen der Umkehr gesetzt", sagte Pfarrer Kleinhaus in ruhigem Ton.

„Ist das für Sie nicht fast eine Gotteslästerung", empörte sich Ute Sunnus. „Eine Maschinenpistole auf dem Altar!"

„Unter normalen Umständen würde ich das so sehen, aber in diesem besonderen Fall sehe ich es eher als eine Form von Bußhandlung. Ich vermute, die Waffe ist nicht geladen."

„Das werden wir nach der Spurentechnischen Untersuchung wissen", erwiderte Kommissar Schonert. „Können wir uns irgendwo ungestört unterhalten?"

„Ja, in meinem Büro. Bitte folgen Sie mir."

Unter Wahrung seines Beichtgeheimnisses berichtete Pfarrer Kleinhaus von dem nächtlichen Telefonat vor zwei Wochen mit einem mutmaßlichen RAF Terroristen. Nach seiner Einschätzung hat der Mann aus Brüssel seine Waffe auf den Altar gelegt, um zu zeigen, dass er sich von der Gewalt losgesagt hat. Die Untersuchung der ungeladenen Maschinenpistole brachte tatsächlich zutage, dass sie bei der Entführung von Hanns Martin Schleyer verwendet worden war. Drei Tage später titelte die Rheinische Post ‚Top-Terrorist ließ sich erschießen!'

Neugierig geworden las Pfarrer Kleinhaus in dem dazugehörigen Artikel, dass der mutmaßliche RAF-Tenorist Horst Stelzer mitten in der Düsseldorfer Altstadt von einem Antiterroreinheit der Polizei umzingelt wurde. Doch anstatt sich zu ergeben, zog Stelzer seine Waffe. Daraufhin eröffneten die Beamten das Feuer. Stelzer brach blutüberströmt zusammen und starb noch am Tatort. Bei der ballistischen Untersuchung stellte sich allerdings heraus, dass Stelzers Waffe überhaupt nicht geladen war.

Epilog

Brief an Kain, der seinen Bruder Abel erschlagen hat

Lieber Kain,

du hast eines der bittersten und traurigsten Kapitel der Weltgeschichte geschrieben! Deine fast bösartige Frage: SOLL ICH MEINES BRUDERS HÜTER SEIN? schallt noch heute millionenfach über die gesamte Erde.

Du, Kain, hast den brutalen Kreislauf von Gewalt und Zerstörung von Leben in Gang gebracht! Durch dich, Kain, wird uns allen in schrecklicher Weise vor Augen geführt, wozu wir Menschen fähig sind. Wenn wir uns ungerecht behandelt fühlen, dann gehen oft die Gefühle mit uns durch! Nichts und niemand kann uns dann mehr aufhalten, um unserem Ärger, unserer Wut, ja unserem Hass Luft zu machen. Du, Kain, bist sozusagen der Prototyp des Menschen, der seiner Wut, seinem Ärger, ja seinem Hass über eine ungerechte Behandlung ungezügelten, freien Lauf lässt! Schon lange gärte es in dir, wenn du an deinen Bruder Abel gedacht hast. „Dieses Weichei", so hast du oft geschimpft, „bekommt alles in den Schoß gelegt".

Die Eltern nehmen immer Rücksicht auf ihn, „weil er doch so zart ist, weil er nicht so viel Kraft und Power hat wie du", sagen die Eltern ständig, „deshalb greifen wir Abel unter die Arme, deshalb braucht er unsere ganz besondere Hilfe und Zuwendung. Er hat es doch so schwer – als Schäfer allein bei der Herde", so sagen sie oft. „Das musst du versteh'n, Kain. Du bist stark und kräftig! Aber dein kleiner Bruder, der ist zart und schwach!"

Das musstest du dir, lieber Kain, stets und ständig anhören! Abel hier, Abel dort – Abel in einem fort! Und deine Wut, dein

Ärger wuchsen immer mehr. Du konntest es einfach nicht mehr ertragen, dass sie – eure Eltern – so taten, als ob nur ihr Kleiner – Abel – ihre Zuwendung, Liebe und Fürsorge braucht!

„Meinen die eigentlich", so ging es dir oft durch den Kopf, „ich bin ein Stück Holz,

ohne Gefühle
ohne Ängste
ohne Sehnsüchte?!

Auch ich sehne mich danach, dass sie mich mit ihrem liebevollen Gedanken. umgeben, dass sie mir ihre Liebe und Fürsorge schenken. WARUM", so hast du dich oft verzweifelt gefragt, „warum merken sie eigentlich nicht, wie weh mir das tut, wie sehr mich das verletzt, wenn sie mir ständig Abel vorziehen und nur an ihn denken, nur ihn im Blick haben.

Natürlich bin ich der Stärkere von uns beiden. Das ist keine Frage! Aber das heißt doch nicht, dass ich nicht auch ihre Zuwendung, ihre Liebe, ihre Fürsorge brauche. WIESO merken sie das eigentlich nicht! WIESO ignorieren sie einfach meine Bedürfnisse nach Anerkennung, nach Liebe, nach Geborgenheit. WAS mache ich eigentlich falsch? WIESO nehmen sie meine Signale nicht auf? Nur weil ich meinen Job gut und selbstständig erledige. Nur weil ich fest mit beiden Füßen im Leben stehe. Nur weil ich klar und deutlich weiß, was ich will und wo es lang geht. Das heißt doch noch lange nicht, dass ich nicht auch einmal ein Wort der Anerkennung brauche.

‚Gut gemacht, Kain! Wir sind stolz auf dich! Du machst uns wirklich Freude! Wir lieben dich, gerade weil du so stark, so selbstständig, so eigenständig bist.'" Doch solche Worte kommen euren Eltern Adam und Eva nie über die Lippen! Stattdessen hörst du nur: „Nimm Rücksicht auf deinen Bruder Abel! Gib dem Kleinen doch eine Chance sich zu entwickeln. Du brauchst uns doch gar nicht mehr!"

Nur mühsam kannst du, Kain, deine Wut, deinen Ärger über diese ungerechte Behandlung bezähmen. Immer häufiger ertappst du dich dabei, wie du in Gedanken deinem Bruder etwas Schlimmes antust, ja wie du dir wünscht, es würde ihn überhaupt nicht geben!! Wenn Abel nicht wäre, so denkst du oft, dann würden mich meine Eltern endlich wieder anerkennen, mich so lieben und annehmen wie ich bin! Manchmal ertappst du dich sogar dabei, wie du ihn in Gedanken erschlägst, einfach so! ohne mit der Wimper zu zucken! Dann packt dich das nackte Entsetzen! „WOZU bin ich fähig! Meinen eigenen Bruder zu erschlagen?! Das kann nicht wahr sein. Das darf nicht wahr sein!" Wenn du dann aus deinen Träumen schweißgebadet aufwachst, bist du froh, dass alles nur ein Traum war, ein böser Traum zwar, aber GOTT SEI DANK – nur ein Traum!

Doch das Undenkbare, das nicht Vorstellbare, das Schreckliche geschieht tatsächlich! Wie konnte das sein! Wie war das möglich?! „Weil sogar Gott selbst mich ungerecht behandelt hat", so höre ich dich sagen. „Wie Abel brachte ich meine Opfergaben dar, um ihm meine Ehrerbietung zu zeigen und ihn zu bitten, meine Arbeit und mich zu segnen! Doch was geschieht! Gott würdigt mein Opfer in keiner Weise! Stattdessen erlebe ich es wie bei den Eltern! Abels Opfer findet in den Augen Gottes Anerkennung und Würdigung. Selbst bei Gott, dem Allmächtigen und Gerechten, werde ich übergangen! Während mein ach so kleiner und schwacher Bruder Abel wieder volle Anerkennung und Zuwendung für sich einheimst. Diese Ungerechtigkeit habe ich einfach nicht ertragen! Das war zuviel für mich! Ich schäumte vor Wut und tobte innerlich vor Ärger! Ich spürte wie der Hass in mir aufstieg! Ich konnte ihn nur noch ganz mühsam bezwingen. Mit starrem Blick zum Boden stand ich vor meiner Opfergabe; meine Gefühle tobten in mir wie ein Vulkan!

‚Warum bist du so zornig?‘ hörte ich die Stimme Gottes. ‚Warum starrst du auf den Boden? Wenn du Gutes im Sinn hast, kannst du frei den Kopf erheben, aber wenn du Böses planst, lauert die Schuld vor der Tür deines Herzens und will dich verschlingen. Du musst Herr über sie sein!‘ Das war leichter gesagt als getan! Erst behandeln mich alle ungerecht; Abel der mich stets spüren lässt, dass er der Liebling aller ist, dann meine Eltern, die mir dauernd ganz unverhohlen zeigen, wie sie Abel vorziehen und ihn hofieren und schließlich sogar Gott selbst, der einfach mein Opfer links liegen lässt und Abels Opfer meinem vorzieht. Und jetzt, wo meine Gefühle der Wut, des Zorns, ja sogar des Hasses auf dem Höhepunkt sind, da sagt mir Gott: ‚Kain, bezähme deine Wut, Kain, unterdrücke deinen Zorn, Kain, zügle deinen Hass!‘“

Aber – leider Gottes – war es zu spät für all diese Appelle an deine Vernunft! Dein Zorn – deine Wut – dein Hass waren so übermächtig geworden. Du konntest sie weder zügeln noch einräumen. Als ob jemand bei dir die Schleusen der Gewalt und Zerstörung geöffnet hätte, so fühltest du dich.

„Er muss weg!

Er muss weg!

Er muss weg!

Abel muss endlich weg. Koste es was es wolle!“ So schoss es dir in den Kopf, ins Herz, in die Hände! Dein Herz war wie ein Stein des Hasses geworden!

„Komm, lass uns aufs Feld gehen“, hast du zu deinem Bruder gesagt. Er – Abel – ahnte noch nicht einmal, was du vorhattest. Ohne argwöhnisch zu werden, folgte er dir aufs Feld, an einen einsamen verschwiegenen Ort. Und als er sich dann auf einen großen Stein niederließ, da hast du ihn mit einem Stein erschlagen! Einfach so! Ohne mit der Wimper zu zucken!! So wie vielfach in deinem Alptraum!

Nur diesmal war es kein Alptraum! Nein, es war die Realität, die brutale, ungeschminkte, gnadenlose und erbarmungslose Realität. Du – Kain – hast ABEL, deinen Bruder, totgeschlagen!! Einfach so! Ohne mit der Wimper zu zucken! Wie im Rausch ist das Furchtbare, das Unvorstellbare geschehen! KAIN, DU BIST ZUM BRUDERMÖRDER geworden! Daran gibt es nichts zu beschönigen! Das kann und will ich auch nicht entschuldigen. „Da sprach Gott der Herr zu Kain: Wo ist dein Bruder Abel? Er sprach: Ich weiß nicht; soll ich meines Bruders Hüter sein?!? Gott der Herr aber sprach: ‚WAS HAST DU GETAN?' Die Stimme des Blutes deines Bruders schreit zu mir von der Erde!!"

Kain – Bruder Kain – du bist zu weit gegangen. Und du hast es gewusst! „Soll ich meines Bruders Hüter sein?" Mit dieser zynischen Frage hast du dich aus der Verantwortung stehlen wollen!

Aber das ist dir nicht gelungen! Das konnte dir auch gar nicht gelingen! Dein Bruder lag tot da! Sein Blut tränkte die Erde! Du hast mit deiner Tat, Kain, die Grenze überschritten, die niemand übertreten darf! Du hast ein Menschenleben ausgelöscht! Diese abscheuliche Tat kann und wird nicht verborgen bleiben! Nicht vor den Menschen und schon gar nicht vor Gott! Und nun sagte Gott der Herr: „Verflucht seist du Kain auf der Erde, die ihr Maul aufgetan hat und deines Bruders Blut von deinen Händen empfangen hat. Wenn du den Acker bebauen wirst, soll er hinfort seinen Ertrag nicht geben. Unstet und flüchtig sollst du sein auf Erden."

Erst als Gott dir vor Augen geführt hat, welch schreckliche Tat du begangen hast und dass du dafür zur Rechenschaft gezogen wirst, erst dann bist du wieder zur Besinnung gekommen! Die böse Tat, die du begangen hast, sie hat dich ganz schnell eingeholt! Mit deinem Brudermord hast du dein Heimatrecht verwirkt. Wie ein Ausgestoßener solltest du jetzt leben, nachdem du deinem Bruder das Leben genommen hast. Deine gewaltige Schuld, die du auf dich geladen hast, trennte dich jetzt von der menschlichen Gemeinschaft! Aber auch von Gott! Als dir das bewusst wurde, da packte dich die nackte Angst und das blanke Entsetzen!

„Kain aber sprach zum Herrn: Meine Strafe ist zu schwer als dass ich die tragen könnte. Siehe, du treibst mich heute vom Acker und ich muss mich vor deinem Angesicht verbergen und muss unstet und flüchtig sein auf Erden. So wird mir‘s gehen, dass mich totschlägt, wer mich findet. Aber der Herr sprach zu ihm: Nein, sondern wer Kain totschlägt, das soll siebenfach gerächt werden. Und der Herr machte ein Zeichen an Kain, das niemand ihn erschlüge, der ihn fände. So ging Kain hinweg vor dem Angesicht des Herrn und wohnte im Lande Nod, jeweils von Eden, gegen Osten.“ Nein, Kain, erschlagen durfte dich keiner!! Das wäre in den Augen Gottes zu einfach gewesen. Auge um Auge, Zahn um Zahn! Eigentlich hätte Gott kurze Fuffzehn mit dir machen lassen können. Das Recht hätte er damals dazu gehabt!! Aber damit hätte er dir, Kain, jede Möglichkeit genommen, dich mit deiner Schuld, die du auf dich geladen hast, auseinander zu setzen! Niemand – auch Gott nicht – konnte diese furchtbare Tat – den Mord an deinem Bruder – wieder rückgängig machen!! Er war geschehen! Du musstest jetzt lernen, mit dieser schrecklichen Tat zu leben.

Wir hatten gehört, was dich zu dieser Tat getrieben hat: Verletzte Eitelkeit, erlittene Ungerechtigkeit, mangelnde Liebe und Zuwendung! All das haben wir, lieber Kain, gehört! Möglicherweise können wir dich auch bis zu einem gewissen Grade verstehen. Deine Wut über erlittene Ungerechtigkeit, deinen Zorn darüber, dass du immer zurückgesetzt wurdest und vielleicht sogar deinen Hass auf deinen kleinen Bruder!

Aber, lieber Kain, und das sage ich mit allem Nachdruck! Wir können, wollen und werden deine TAT nicht rechtfertigen!

Nichts und niemand gibt uns das Recht, einem anderen Menschen das Leben zu nehmen! Wenn wir das tun – so wie du es getan hast, Kain – dann überschreiten wir eine Grenze, die wir nicht überschreiten dürfen!!! Wir laden damit eine so große und gewaltige Schuld auf uns, an die wir unser Leben lang tragen haben werden!! Gott hat dich, Kain, am Leben gelassen, damit du mit deiner Schuld zu leben lernst! Gott hat dir, Kain, eine zweite Chance gegeben! Du hast sie genutzt! Du hast eine Familie gegründet und damit neues Leben geschaffen! Du, Kain, musstest noch einmal neu lernen, was Ehrfurcht vor dem Leben bedeutet!

Ehrfurcht vor dem Leben bedeutet: dass ich meiner Wut und meinem Zorn nicht freien Lauf lasse und mich nicht von der Welle des Hasses hinwegreißen lasse! Aber – leider Gottes, Kain – hat deine Geschichte uns Nachfolgende nicht davor bewahrt, immer und immer wieder die Ehrfurcht vor dem Leben in gröbster Weise zu verletzen! Auch heute noch treiben Wut, Zorn und Hass Menschen dazu, andere zu verletzen, zu misshandeln, ja sogar zu erschlagen. Und leider Gottes geschehen noch immer Brudermorde wie z.B. in Nordirland oder in Spanien oder in Afrika. Deine Geschichte, lieber Kain, sie könnte uns eigentlich die Augen, die Herzen und unseren Verstand öffnen für ein Leben in Ehrfurcht vor dem Leben. Leider erleben wir tagtäglich genau das Gegenteil!

Wir hören in allen Sprachen dieser Erde deine zynische Frage: SOLL ICH MEINES BRUDERS HÜTER SEIN? Ja, lieber Kain, du sollst deines Bruders Hüter sein und wir auch!

Mit herzlichen Grüßen
Dein Steffen Hunder

Brief an König David im Zwielicht

Predigt am 22.04.2007
in der Christuskirche in Neustadt a. d. Weinstraße
Gottesdienst zur „Criminale"

Lieber König David,
deine Heldentat, den Riesen Goliath besiegt zu haben, ist bis heute unvergessen! Bester Beleg dafür war der Weltmeisterschafts-Boxkampf vergangene Woche zwischen dem 2,13 Meter großen Riesen Walujew und seinem 1,86 Meter großen Herausforderer Tschagajew! Das Göttinger Tageblatt titelte in seinem Sportteil: ‚Triumph des listigen Davids gegen Goliath'. Die Journalisten druckten sogar den Bibeltext ab, der dein Husarenstück erzählt! Also, du siehst, lieber David, deine Großtat, einen übermächtigen Gegner mit List und Geschicklichkeit überwunden zu haben, ist untrennbar mit deinem Namen verbunden! Als kleiner Hirtenjunge hast du dieses wahrhaft unglaubliche Kunststück vollbracht, einen hochgerüsteten und kampferprobten Soldaten wie Goliath zu besiegen. Damit begann dein unaufhaltsamer Aufstieg zum vielgeachteten und geehrten König von Israel! Du hast Geschichte geschrieben mit deinem grandiosen Überraschungssieg!

Deshalb bist du auch bis heute im Gedächtnis der Menschen geblieben. Dein Sieg über Goliath gehört ohne Zweifel auf die helle und strahlende Seite deines Lebens! Doch wir alle wissen, wo Licht ist, da ist auch Schatten. Und genau auf diese dunklen, zwielichtigen Seiten deines Lebens möchte ich im heutigen Gottesdienst zur „Criminale 2007" zu sprechen kommen. Bei uns gibt es ein Sprichwort, das heißt: „Wer die Macht hat, der hat das

Recht!“ Dahinter steht die bittere Erfahrung vieler, vieler Menschen, die erlebt haben und erleben, wie Menschen, die Macht haben, sie dazu missbrauchen, das Recht zu ihren Gunsten zu beugen! Dafür gibt es in unserem Land und vielen anderen Ländern der Welt unzählige Beispiele. Manche, die Macht haben, meinen sogar, sie stünden über dem Gesetz und dem Recht. Einer davon war sogar 16 Jahre Bundeskanzler der Bundesrepublik Deutschland. Er hat sich bis heute nicht dem Recht unterworfen, dass er selbst gesetzt hat.

„Das darf doch nicht sein“, wirst du, David, protestieren, „dass ein Regierungschef eines Landes die Gesetze, die er selbst gegeben hat, nicht einhält!“ Ich gebe dir vollkommen recht! Das darf nicht sein! Doch leider Gottes geschieht das! Und die Folge davon ist – die Menschen haben kein Vertrauen mehr in die, denen sie die Macht gegeben haben, um sie zum Wohle des Landes zu nutzen! Das nennt man bei uns GLAUBWÜRDIGKEITSKRISE! Diese tritt immer dann ein, wenn die, die Verantwortung für das Ganze tragen, nur ihren eigenen Vorteil im Blick haben.

Doch wem, lieber David, erzähle ich das! Du bist doch selbst als der große und mächtige König von Israel in eine solche Glaubwürdigkeitskrise verstrickt gewesen. Erinnerst du dich? Es war mitten im Krieg gegen die Ammoniter. Dein Feldherr Joab lenkte das Heer in der Schlacht im Felde, während du im Palast in Jerusalem warst! Es war ein lauer Sommerabend. Du wolltest die wunderbare Luft und den Ausblick genießen. Deshalb bist du auf das Dach deines Palastes gegangen. Da fiel dein Blick auf eine wunderschöne Frau, die auf der Terrasse ihres Hauses badete. Diese Frau faszinierte, ja sie elektrisierte dich! Begehren stieg in dir auf! „Die will ich haben“, schoss es dir durch den Kopf. Du konntest an nichts anderes mehr denken als daran, diese traumhaft schöne Frau zu besitzen. Sofort wolltest du von deinen Leuten wissen, wer sie ist. „Aber verehrter König“, sagte dein Diener, „das ist doch Bathseba, die Tochter Elians, die Frau Urias, des Hethiters.“ „Das ist gut!“ rauntest du deinem Diener zu. „Geh zu Bathseba und sage ihr, ihr König verlangt nach ihr – nein, sage ihr, ich verzehre mich nach ihr!“ „Aber großer König“, gab dein Diener zu bedenken, „Bathseba ist verheiratet, sie ist die Frau eures Offiziers Uria, der gerade für euch kämpft!“

Doch du, lieber David, warst nicht mehr zu bremsen! „Komm mir bloß nicht mit solchen moralischen Bedenken um die Ecke!“, schnauztest du deinen Diener an, „Ich bin der König und wenn ich etwas will, dann wird das gemacht, basta!! Hol endlich die Frau, anstatt mich hier über Recht und Moral zu belehren!“ Wohl oder übel musste dein Diener zu Bathsebas Haus gehen und ihr deine Begehren mitteilen. Sie hat sich dem nicht widersetzt. Wie konnte sie auch! Du warst der mächtige König und sie die begehrenswerte Frau deines Soldaten Uria! Ihr beide habt natürlich nicht nur geplaudert und Händchen gehalten. Nein, ein Mann ist ein Mann, ein König allzumal. Du wolltest diese Frau mit Haut und Haaren, ohne Rücksicht auf Verluste. Und so geschah, was kommen musste. Während Bathsebas Mann Uria im Krieg war, hast du seine Frau geschwängert! Jetzt wurde es selbst dir, dem mächtigen König, zu heiß! Das sollte und durfte nicht an das Licht der Öffentlichkeit kommen. ‚KÖNIG DAVID SCHWÄNGERT FRAU SEINES OFFIZIERS URIA, WÄHREND DER IM FELD KÄMPFT!‘ Dein Ruf stand auf dem Spiel! Nun war guter Rat teuer! Was tun, um diese hochnot-peinliche Angelegenheit zu vertuschen? Da kam dir die geniale Idee! Uria darf ausnahmsweise auf Heimat-Urlaub im Haus von Bathseba übernachten.

Es war nämlich den Soldaten nicht erlaubt, während des Front-Urlaubes die Tage bei ihren Frauen zu verbringen, sondern sie mussten gemeinsam in einem Heerlager bleiben. Wahrscheinlich wollte man verhindern, dass die Soldaten ihren Kampfgeist und ihre Moral einbüßten, wenn sie erst wieder mit Frauen und Kindern zusammen sind.

Doch, lieber David, deine Rechnung ging nicht auf! Uria war ein pflichtbewusster und verantwortungsvoller Offizier. Er wusste, was für eine verheerende Auswirkung es auf die Moral seiner Soldaten haben würde, wenn er zu seiner Frau nach Hause gehen würde, während all anderen dies nicht dürfen. Deshalb sagte er dir: „Die Lade und Israel und Juda wohnen in Zelten, und Joab, mein Herr, und meines Herrn Kriegsknechte liegen auf freiem Felde und ich sollte in mein Haus gehen, um zu essen und zu trinken und mit meiner Frau zu schlafen? So wahr der Herr lebt und bei deinem Leben: So etwas tue ich nicht! Das verstößt gegen meine Ehre als Offizier. Das kann und will ich meinen Soldaten nicht zumuten!" Du hast Uria zu dir in deinen Palast eingeladen, nicht um ihm damit die Ehre zu erweisen, sondern um ihn betrunken zu machen. Du hast bestimmt darauf gehofft, Uria gefügig machen zu können, um doch zu seiner Frau Bathseba zu gehen. Doch Uria hat dir diesen Gefallen nicht getan! Am Abend ging dieser aufrechte Mann wieder zurück zu seinen Soldaten, also dorthin, wo er seiner Meinung nach hingehörte!

Auf diese Weise vereitelte Uria deinen Plan, lieber David, die unrechtmäßige Schwangerschaft Bathsebas zu vertuschen und Uria unterschieben zu können. Gott sei es geklagt, lieber David, mit diesem Misserfolg hast du es nicht bewenden lassen. Es reichte noch nicht, dass du mit deinem Verhältnis zu Bathseba gegen das Ehebruchsgebot verstoßen hast, nein, um dies zu vertuschen, musstest du noch einen draufsetzen! Du schriebst an deinen Feldherrn Jaob: „Setzt Uria an der Front ein, wo der Kampf am stärksten ist. Dann sollt ihr euch hinter ihm zurückziehen, so dass er getroffen wird und stirbt!“ Das ist starker Tobak, lieber David! Du beauftragst deinen Feldherrn, deinen Nebenbuhler in den Tod zu schicken! Das ist wie ein Auftragsmord, den du damit veranlasst! „Du sollst nicht töten“, so lautet das 5. Gebot. Das heißt klar und deutlich: Du sollst niemanden umbringen oder umbringen lassen! Du, lieber David, hast Uria umbringen lassen! Darüber gibt es keinen Zweifel! Du hast die größte Schuld auf dich geladen, die uns Menschen möglich ist, nämlich einem anderen Menschen das Leben zu nehmen! Du wolltest die Schuld deines Ehebruchs vertuschen, deshalb hast du noch viel größere Schuld auf die geladen.

EINE BÖSE TAT ZIEHT DIE NÄCHSTE BÖSE TAT NACH SICH! Diese bittere Wahrheit bestätigst du durch deine zynische Handlungsweise! Leider Gottes verlieren die meisten Mächtigen die Fähigkeit, die dunkle Seite der Macht in ihre Schranken zu weisen. Oft bekommt die dunkle Seite der Macht eine solche beherrschende Dimension, dass der, der die Macht hat, meint, er stünde über allem, was Recht und Gesetz, Menschlichkeit und Moral bedeuten. Auch du, lieber David, bist dieser Gefahr erlegen. Das beweist die Geschichte vom Ehebruch mit Bathseba und dem Mordauftrag für Uria zweifelsfrei! Du warst so stark von der dunklen Seite der Macht durchdrungen, dass dir jegliches Unrechtsbewusstsein fehlte! Mit menschenverachtendem Zynismus reagierst du auf die Meldung vom Tod Urias und sagtest zum Boten des Feldherrn Joab: „So sollst du zu Joab sprechen: Nimm diese Angelegenheit nicht zu schwer, denn das Schwert frisst mal so und mal so!“ Das war blanker Hohn, David, und menschenverachtend! Du hattest jegliches Maß für Recht und Moral verloren! Ganz cool und gelassen ließest du deine Geliebte Bathseba um ihren Mann trauern und nahmst sie danach zu dir in dein Haus und sie gebar dir einen Sohn.

„Aber“, wie heißt es in der Bibel, „Gott missfiel es sehr, was du getan hast!“ Und er, Gott, ließ es nicht beim Missfallen bewenden, sondern er schickte dir Nathan, seinen Propheten. Und Nathan erzählte dir die Geschichte von zwei Männern, einem Reichen und einem Armen, dem der reiche Mann sein einziges Lamm stahl, um damit seinen Gästen eine Mahlzeit zuzubereiten. Diese Geschichte brachte dich richtig in Rage! „Bei Gott“, riefst du aus, „der Mann, der das getan hat, verdient den Tod, und das Lamm soll er vierfach ersetzen, weil er so gehandelt und es ihm nicht leid getan hat!“ Du warst gar nicht zu beruhigen. Diese himmelschreiende Ungerechtigkeit hatte dich total in Erregung gebracht. „Zeig mir den Kerl“, hättest du am liebsten geschrien! Doch bevor du das aussprechen konntest, sagte Nathan ruhig und gelassen: „Du bist der Mann!“ So spricht der Gott Israels:

„Ich habe dich zum König über Israel gesalbt. Ich habe dich aus der Hand Sauls befreit.“

„Ich habe dir den ganzen Besitz deines Herrn gegeben, habe seine Frauen in deinen Schoß gelegt und dich zum König über Juda und Israel gemacht. Und wenn das noch zu wenig war, hätte ich dir noch dies und dies dazugetan. Warum hast du meine Gebote missachtet und getan, was mir missfällt?

Du hast den Hethiter Uria auf dem Gewissen, durch das Schwert der Ammoniter hast du ihn umbringen lassen und dann hast du seine Frau genommen. Genauso wird nun das Schwert sich in aller Zukunft in deiner Familie Opfer suchen, weil du mich missachtet und die Frau Urias zu deiner Frau gemacht hast. Gib Acht! Aus deiner eigenen Familie lasse ich Unglück über dich kommen. Du wirst mitansehen müssen, wie ich dir deine Frauen wegnehme und sie einem anderen gebe, der am helllichten Tag mit ihnen schlafen wird. Was du heimlichgetan hast, will ich im Licht des Tages geschehen lassen, und ganz Israel wird es sehen!“

Das hat gesessen, lieber König David! Diese Worte Nathans müssten dir durch Mark und Bein gegangen sein! Plötzlich wurde dir bewusst, welch große Schuld du auf dich geladen hast. „Ich bekenne mich schuldig vor Gott", hast du gestammelt!

Und Gott hat dein Eingeständnis der Schuld angenommen und bei dir Gnade vor Recht ergehen lassen. Nathan erwiderte dir: „Auch wenn Gott bei deiner Schuld Gnade vor Recht ergehen lässt und du nicht sterben musst, muss der Sohn, den dir Bathseba geboren hat, sterben, weil du mit deiner Tat Gott verhöhnt hast!" Nathan, der Prophet, ging danach nach Hause. Seine Mission war erfüllt! Er hatte dir, David, den Spiegel deiner Schuld vorgehalten, damit du erkennst, was du falsch gemacht hast! Jetzt folgte das bittere Ende für dich und deine Frau Bathseba! Euer Kind wurde krank und starb schließlich! All eure Gebete halfen nichts – die böse Tat hatte ihre unabwendbare Folge! Gott lässt sich nicht spotten und verhöhnen – auch nicht von den Reichen und Mächtigen dieser Welt –, sondern Gott ist und bleibt der Herr der Geschichte! Diese Erfahrung hast du, lieber David, immer wieder in deinem Leben gemacht!

Schuld lässt sich nicht dauerhaft vertuschen oder leugnen! Nur wenn ich mich zu meiner Schuld bekenne, bekomme ich die Chance zu einem Neubeginn. Auch das ist eine zentrale Erfahrung des Lebens, lieber David! Nachdem euer Sohn gestorben war und du dies schweren Herzen als eine Art Wiedergutmachung für deine große Schuld akzeptiert hast, bekamt ihr euren zweiten Sohn, Salomo! Von ihm heißt es in der Bibel: „Gott liebte ihn! Und Nathan, der Prophet Gottes, gab deinem Sohn den Namen Jedidja, der Liebling Gottes, weil Gott es so wollte!" Mit der Geburt deines Sohnes Salomo hat Gott sein Licht wieder in dein Leben geschickt, lieber König David, damit du nicht im Zwielicht bleibst! Du weißt es, lieber David, und wir wissen es auch, niemand von uns ist frei von Schuld und Versagen, wir haben alle unsere dunklen Schattenseiten. Aber Gott sei Dank haben wir einen Gott, der uns so annimmt, wie wir sind! Ihm können wir uns anvertrauen und gewiss sein, er wird uns nicht fallen lassen. Wie singst du, lieber David, so wunderbar im Psalm 103: „Lobe den Herrn meine Seele, und was in mir ist seinem heiligen Namen! Lobe den Herrn, meine Seele, und vergiss nicht, was er dir Gutes getan hat, der dir all das vergibt, was du an Schuld auf dich geladen hast und all deine Krankheit heilt. Der dich mit Güte und Erbarmen überschüttet!“

Ja, David, solch einen Gott brauchen wir alle!
Einen, der uns mit Güte und Erbarmen überschüttet.

Sei herzlich gegrüßt
Dein Steffen Hunder

Hummelshain KRIMINAL

B.E. Fischer

Dogwalker

Dogwalk ist das Ritual, dem alle Hundebesitzer dreimal am Tage ausgesetzt sind. Dreimal am Tag mit dem Hund um den Block, um den Pudding, durch den Wald oder den Park. Dogwalk ist darüber hinaus eine Plattform für täglichen Informationsaustausch. Was im Viertel passiert, wandert als Information von Leine zu Leine.
Wenn der pensionierte Kriminalkommissar Maurits DeWitt zusammen mit dem Pärchen Beate und Robert Funke und der alleinerziehenden Cora mit ihren Hunden auf den Dogwalk im Kettwiger Stadtwald geht, dann fließt auch manchmal Blut. Das alte Jagdfieber des Kommissars mit dem holländischen Akzent kommt nach einem Leichenfund wieder auf, und die Dogwalker begleiten ihn bis zur Lösung eines denkwürdigen Falles.
Das Buch nimmt den Leser an die Leine und führt ihn zusammen mit den „Dogwalkern" durch ramponierte Zoos, zwielichtige Spezialitätenrestaurants und eine undurchsichtige Exoten-Tierhandlung. Man erfährt nicht nur, dass Tigerpisse nach Popcorn stinkt, sondern wird ganz nebenbei auch über Probleme der Zootierhaltung und des Tierhandels informiert.

268 Seiten, Preis: 12,80 €, ISBN 978-3-943322-194

www.hummelshain.eu

Hummelshain KRIMINAL

Rainer Sockoll

Essen. Sessenbergstraße

Essen, Ostviertel, Arbeitergegend. Rund um den pensionierten Bergmann August und seine Frau Jette, die in der Sessenbergstraße in einem kleinen Haus wohnen, lässt Rainer Sockoll einen ganzen Kosmos der 60er Jahre entstehen. Aus heutiger Perspektive leben die Menschen hier materiell in ärmlichen Verhältnissen, aber ihr Reichtum an Zusammenhalt, Menschlichkeit und Humor ist von so selbst-verständlicher Humanität, dass die Leser sich gleich aufgenommen fühlen in diesem Freundeskreis.

Mit jedem Kriminalfall, der die Kreise von August und Jette berührt, tauchen wir tiefer ein in dieses Milieu und in die längst unter-gegangene Sprache des Reviers.

Mit meisterhafter Leichtigkeit und Präzision und mit fast zärtlicher Empathie gelingt es Sockoll in diesem Romanzyklus, eine längst zum Mythos gewordene Epoche wieder auferstehen zu lassen, als säßen August und Jette noch immer auf der Bank vor ihrem selbst-gebauten Häuschen.

235 Seiten, Preis: 12,80 €, ISBN 978-3-943322-286

www.hummelshain.eu

Hummelshain Roman

Wim Martin

Die Pandemie

Zwei Männer, zwei Frauen - ihre Geschichten eng miteinander verflochten: Leos Leben scheint perfekt durchorganisiert bis zu dem Moment, als seine Frau Emilia entdeckt, dass er auch mit Yvonne verheiratet ist. Sie wählt eine ungewöhnliche Methode der Vergeltung und sperrt ihn mit Hilfe ihres Geliebten Fabian in den Bunker unter ihrer Villa im noblen Baden-Baden, wo er fünf Jahre in Ketten lebt. Zufällig stößt Yvonne, für die Leo verschollen ist, auf einen Hinweis über seinen Verbleib. Sie sucht Emilia in Baden-Baden auf. Und auch Fabian macht eine weitreichende Entdeckung, die den Dingen eine unverhoffte Wendung gibt.

Drohend und allgegenwärtig über allem Geschehen aber ist da die Pandemie des Jahres 2020, welche die Geschicke der vier Protagonisten unvorhersehbar lenkt.

276 Seiten, Preis: 13,80 €, ISBN 978-3-943322-279

www.hummelshain.eu